踏雪当歌 荐读

工业软件
沉思录

田 锋 著

U0125969

人 民 邮 电 出 版 社
北 京

图书在版编目（CIP）数据

工业软件沉思录 / 田锋著. -- 北京 ：人民邮电出
版社，2023.8（2024.1重印）
ISBN 978-7-115-61976-1

Ⅰ. ①工… Ⅱ. ①田… Ⅲ. ①软件产业－产业发展－
研究－中国 Ⅳ. ①F426.67

中国国家版本馆CIP数据核字(2023)第109751号

内 容 提 要

　　本书介绍了中国工业软件产业发展现状和发展趋势、工业软件自主研发的策略和路线、云时代的工业软件发展方略、工业软件在企业的应用体系的建设，以及在数字化转型和数字孪生体领域的支撑和应用方案；分析了中国工业软件产业发展中存在的各种问题、矛盾和误区，并提出针对性的策略建议和解决方案；针对工业软件中的难点领域，特别是工程仿真和工业研发领域，给出了具体实践经验和方法论。

　　本书适合工业软件产业和技术相关的专家和管理者，以及高等院校和科研院所中研究和开发工业软件产品的师生阅读。

◆ 著　　　　　田　锋
　　责任编辑　李　强
　　责任印制　马振武
◆ 人民邮电出版社出版发行　　北京市丰台区成寿寺路 11 号
　　邮编　100164　　电子邮件　315@ptpress.com.cn
　　网址　https://www.ptpress.com.cn
　　涿州市般润文化传播有限公司印刷
◆ 开本：720×960　1/16
　　印张：17.75　　　　　　　　　2023 年 8 月第 1 版
　　字数：224 千字　　　　　　　2024 年 1 月河北第 3 次印刷

定价：99.80 元
读者服务热线：**(010)81055493**　印装质量热线：**(010)81055316**
反盗版热线：**(010)81055315**
广告经营许可证：京东市监广登字 20170147 号

序一

全球数字经济风起云涌，数字经济已成为衡量一个国家国力的试金石；推动工业制造业的数字化转型是发展数字经济的重要环节，也是推动我国智能制造高质量发展的重要支撑。工业软件研发难度大、体系设计复杂、技术门槛高、硬件开销大、复合型研发人才紧缺、对可靠性要求极高，导致研发周期长、研发迭代速度慢。工业软件的创新、研发、应用和普及已经成为衡量国家制造业实力的重要标志。我们一定要清醒地认识到，工业软件是工业品，而且它是世界上最复杂的工业产品，没有之一。发展工业软件是工业智能化的前提，是工业实现从要素驱动向创新驱动转变的动力。

我拿到本书初稿，身不由己被内容吸引，一口气读来，感触极深。作者在本书中深入探讨了工业软件发展的矛盾和误区，提出了解决之道，系统性地阐述了工业软件的发展路线，完成数字化转型三级跳的方式，以及从数字孪生角度探寻工业软件的进化之路。本书深入浅出，完整全面地解答了目前令业界困惑的诸多问题，多视角探索，全方位求证，非常值得业内人士认真研读。

作者在中国工业软件界耕耘数十年，对工业软件的发展有着深刻的认识和独到的见解。他以自己的实践经验和理论研究为基础，深入探讨了工业软件发展中遇到的各种问题，提出了一系列创新解决方案。本书内容丰富、思路清晰、观点独到，可为高校工业领域的师生、工业软件领域的从业人员提供重要的指导和借鉴，也为工业制造业领域的管理者和工程师了解工业软件

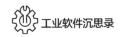

的应用和发展趋势及其重要性提供了参考。

宁振波

中国航空工业集团信息技术中心原首席顾问、中国船舶独立董事

2023 年 4 月

序
二

苦旅寻真,漫道狼烟三万里;踏雪寻梅,须眉如柴九层霜。作者用"踏雪寻梅"四个字,展现了当代有志之士苦苦寻找中国工业软件产业出路的景象,用发展的眼光剖析了当下中国工业软件的"怪现象",点评了"投机派"和"投降派"的各种观点,也给出了识"妖"之术,为识别担当工业软件破冰使命的勇者,给出了方法和建议。

作者作为一名在中国工业软件界耕耘数十年的深度思考人,在书中以自问自答的方式,对中国工业软件发展过程中面对的方方面面的难题和出路进行了创造性思考。各章以"迷思"深入,以独特视角提出困惑业界的诸多问题;又以"证悟"浅出,给出不同常人的答案。很多问题原以为不是问题,很多问题原以为没有答案,但作者的分析总是给人一种醍醐灌顶之感!

显然,作者也很纠结,他既是理想主义者,又不得不面对现实。在很多问题面前,既想极目远望,又不得不躬身入局。作者敏锐地发现,中国工业软件与国外领先者的任何一种差距都以矛盾的形式存在,提出"无矛盾的差距不是真正的差距,有矛盾的才是"的观点。我们不妨选择两对矛盾来体会一下。

矛盾之一:关于中国工业软件应满足市场刚需,还是解决断供问题,也就是种粮食还是育灵芝的问题。作者认为中国对工业软件的刚需必然低于国际先进国家,但他也注意到中国被断供的企业恰恰是那些比国外工业领域更先进的企业。

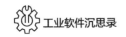

矛盾之二：工程化验证和推广困难的矛盾。工业软件是用出来的，需要在研发和应用之间长期迭代进化而来，需要大量的工程化验证来打磨。如何在工业软件刚起步的时候，能够找到一个愿意一起合作的典型用户，共同把客户的需求做好，做出有竞争力的工业软件非常困难。如果没有用户群便无法实现足够量的工程化验证。其实，往往那些花钱购买工业软件的用户才是真正的用户。

当前国内工业软件基础薄弱，传统的市场已经被海外巨头占领。当前国产软件若想突破，则需要寻找新赛道，在同一起跑线上奔跑，实现换道超车。也许，充分利用中国工业场景丰富、云/AI/大数据技术优势，以新制造场景刚需为牵引，定义新一代工业软件体系架构，聚心、聚智、聚力，用体系化和生态化的打法，用新技术、新架构和新方法解决工业场景下的"老问题"，以新的推进模式，利用体制优势，推进工业软件体系的攻关，解决工业软件断供困局的同时，实现产业升级，可能是唯一可行的路径。

强烈推荐大家阅读此书，与作者一同"踏雪寻梅"。

丘水平

华为工业软件及工业云 CTO

2022 年 6 月

唯有沉思，方有大略

两年前，业内外的人都兴奋地说，中国工业软件的"风口"来了。不久后，所有的人都在问，也都在被问：中国工业软件到底能不能打赢？我们的胜算在哪里？弯道超车到底有没有可能？……各种角度的挑战接踵而来。

人们很兴奋，但兴奋得很懵懂，所以又无比忐忑和焦虑。因工作原因，笔者身处风口，且是强级风的风口，所以接受这些问题的洗礼是每日常态。但社会科学的问题，总是没那么快得出答案，因此，这些问题还会成为未来常态。

有人会说，不对呀！工业软件是高科技产品，你怎么能说这是个社会科学的问题？没错，如果你真把它当成自然科学的问题，那成功的胜算真的就是零。我始终坚信：没有成功的商业路线，就没有成功的技术路线。很多同行问了很多技术问题，比如你的技术优势在哪里、如何攻克核心技术、如何积累如此多的算法、如何超越发达国家等，但最该问的问题他们却忘了问。资本界的朋友相对清醒，会问"你哪一天会赚钱"，不过似乎无法触及"赚钱的最大障碍是什么"之类的问题。

问题是靶子，策略是子弹。找准了障碍，才会有解决方案。问错了问题，相当于三岔路口选错路，走得越快，偏离目标越远。很多人还没找到问题和障碍，但先有了策略和方案，这就像先打了一枪，然后把枪眼画成靶子。所以，

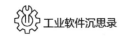

面对问题，我们不仅仅要寻找答案，更多的是要找到真正的问题。

其实，先不说这些答案是什么，单这"风口"二字就存在很多误区。这到底是大势所趋，还是断供的结果？到底是昙花一现的窗口，还是持续发展的通道？到底是转瞬即逝的风口，还是一个新时代的到来？

风口之下，所有人突然都宣称自己能做工业软件，其中不乏"投机派"，也不乏"投降派"。其实这两派是同一派：风口到来之前他们是"投降派"，风口到来之后他们是"投机派"。到底谁来担负中国工业软件破冰的使命？这个本来有明确答案的问题，现在突然变得扑朔迷离，或者是"被"扑朔迷离。

有人提出了"换道超车"。这个提法不错，换道才可能超车，另起一行，才能写出新文章。那换了个什么赛道？超的是什么车？靠的是什么动力？也许，这些问题的答案中，确实潜藏着我们的胜算，但各方的回答却莫衷一是，这意味着大家并没有想清楚怎么打赢这场仗。

中国古代的战法里有"守正"和"出奇"两种策略。那么，中国工业软件突围，是该守正还是该出奇？"出奇制胜"和"差异化竞争"这样的词汇，在战争与商界中往往被赋予了魔力和褒奖。中国工业软件要突围，当然应该出其不意！但真该如此吗？君不见，中国的仿真软件公司：有些凌波微步，走上了利基小道；有些飞檐走壁，最终在云上漂泊；有些剑走偏锋，一头扎进 App 长尾不能自拔。这些似乎都是峭壁上的灵芝，哪一个成了餐桌上的粮食？

工业软件上云，是打开了潘多拉魔盒，还是擦亮了阿拉丁神灯？"两化融合"和"数字化转型"还在争论谁是乾坤圈、谁是混天绫时，数字孪生祭出个金箍棒。数字孪生的月光宝盒还没打开，元宇宙就身披金甲圣衣，脚踏七彩祥云来了……实在是乱花渐欲迷人眼。这些到底是别人在优化迭代，还是我们在跨代递归？抑或是别人在玩换道超车的游戏，我们却跟着扳了道岔？

唯有沉思，方有大略。中国工业软件界，有太多的迷思等待我们去证悟。这段时间，面对各种"迷思"，被拷问多了，便有一些"证悟"。虽然问题拼图尚不完整，答案画布亦无框架，但面对新问题，特别是社会科学的问题，终极蓝图不都是这么顺藤摸瓜画出来的吗？

这本书，由一篇篇关于工业软件的文章构成，像迷思的蒙太奇，又像证悟的意识流，在宏伟的宫殿还没建成之前，暂算作烧砖制瓦吧！

正因为本书是由一篇篇文章构成的，所以读者可以随意选择单篇阅读而不影响对内容的理解。为保持单篇逻辑的完整性，各篇的内容之间有一定的重叠，特别是具有总结或综述性质的文章，会包含其他单篇文章中的内容，万望读者海涵。

目录

穿透断供风云

第一章

今天，国家和资本的聚光灯，以前所未有的亮度照向工业软件。在这个沉寂多年的领域，一个被称为"风口"的天象出现了，据说这是由一个被称为"断供"的怪物使然。

国产工业软件，就像原本冰封的潜艇，突然破开坚冰，浮出水面，让整个行业措手不及。

冰雪融化，曾经涌动的暗流，必然汹涌澎湃！

冰锚解封，曾经锚定的舰队，必然乘风破浪！

昨日的迷思，换来今日的证悟。明日将百舸争流，万类霜天竞自由。

我们不仅感受到破冰的艰辛，也享受到启航的快乐，惊涛中破浪使人斗志昂扬。突破与创新，永远是中国工业软件的主旋律。

中国的工业软件公司，都拥有齐天大圣的心，初心都想改造世界，最终都为生存奔波，本想做顶天立地的产品，最后都被项目缠身。

不管是短期论还是时代论，不管是外力论还是内生论，不管是投机派还是投降派，谁是数十年打不死的倔强之物，谁就是中国工业软件的守望者，就是那个担负中国工业软件破冰使命的人。

谁看清了中国市场的新赛道，谁就看见了工业软件的粮仓。忘掉灵芝，守正种粮，中国工业软件的胜算就在这里。

春蚕到死丝方尽，蜡炬成灰泪始干。中国工业软件人，必将共同体验这场踏雪当歌的不凡之旅。

吾辈余生，当踏雪寻梅，苦旅寻真！

第1节　中国工业软件的投降派和投机派

依据中国古人的智慧，要成大事，天时、地利、人和，三者缺一不可。即使中国工业软件的技术和人才兼备，也只是满足了"地利"和"人和"，没有"天时"的祝福，中国工业软件未必撑得下来。即使能勉强支撑，那也只能是游走地表的蛇，绝不可能是飞腾云天的龙！

妙用天时，火烧赤壁用的是风，草船借箭用的是雾。对中国工业软件来说，天时是什么？人们肯定会说：那必是强势到来的中国工业软件"风口"。此刻，"天时"横空出现，必然飞起玉龙三百万，搅个周天寒彻。国家和资本的聚光灯，以前所未有的亮度照向了中国工业软件。

你质疑过这个说法吗？这个"风口"是怎么来的？有人说是他国制裁，有人说是国际打压。似乎很对呀，贸易摩擦、科技竞争以及断供促进了中国工业软件风口的到来。

正是基于这个认识，关于工业软件"风口"出现了很多怪现象。总结来说就是四大论调、两大门派。

首先出现了两大论调。第一大论调是"短期论"，认为既然是贸易摩擦带来的"风口"，那"风口"必然会快速过去。贸易变幻莫测，没有永远的敌人，只有永远的利益。摩擦，更是转瞬即逝，贸易摩擦带来的"风口"也必然转瞬即逝。另一个论调是"偶然论"，认为今天某个个性独特的国家领导人上台，发生了摩擦，明天换了领导人，也许就不摩擦了。摩擦是偶然的，它带来的"风口"也必然是偶然的。这两大论调带来了第一大工业软件门

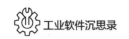

派——投机派。既然这次"风口"是短期的和偶然的，那工业软件红利也将转瞬即逝，不乏有人想要吃一口红利后赶快走。所以你会发现突然所有的人和组织都宣称自己可以做高端芯片和工业软件。

其次出现了另外两大论调。第一个论调是"外力论"，认为没有国外势力的打压和断供，就不会有这次工业软件"风口"。我们是被逼上梁山，奋起反击。第二个论调是"悲观论"，认为中国工业软件的技术水平和市场占有情况，都远远低于那些打压我们的国家。在别人的这种优势碾压下，我们根本没有胜算。所以，千万不要硬抗，投降吧，求和吧。在这两大论调之下，产生了第二大工业软件门派——投降派。

最后，仔细分析，你会发现，投机派和投降派其实是同一派、同一批："风口"来时他们是投机派，"风口"走了他们是投降派！

在我看来，以上的观点都存在巨大误区和错判。"断供"并不是中国工业软件风口到来的原因。事实上，断供和工业软件"风口"，是另外一件事的两个结果。

不知读者们注意到一个数据没有？ 2019 年，中国人均 GDP 是 1.027 万美元，刚好超过 1 万美元。在经济学领域，人均 GDP 达到 1 万美元是一个重要的分水岭。这标志着一个经济体达到中等发达水平。同时，"中等收入陷阱"也潜伏在这个经济体前进道路上的不远处。人均 GDP 达到 1 万美元之前，国家发展靠要素驱动；达到 1 万美元以后，则需要靠创新驱动。如果不能实现要素驱动向创新驱动转变，那么掉入陷阱不是大概率事件，而是必然事件。中国工业的转型升级喊了这么多年，这次，"狼"是真的来了。

没有工业软件，基于创新驱动的工业转型升级能动真格的吗？工业软件是工业实现创新驱动的基础性技术，因此也是一个经济体跨越"中等收入陷阱"的桥梁性技术。不仅如此，工业软件还是工业发展的杠杆性技术，虽然其收入和产值无法直接对 GDP 产生显著贡献，但离开工业软件，中等收入国家工业行业的发展将严重受限，工业行业对 GDP 的贡献将显著降低。因此，在大国工业、经济和科技竞争背景之下，中国工业软件被国际工业软件领先的国家断供将成为新常态。工业软件自主研发已经被中国产业界认为是中国工业转型升级、摆脱受制于人局面的必由之路。反过来说，如果中国工业和经济不强烈需要工业软件，那么别人为何要断供？又怎么会有这个"风口"呢？

国际竞争势力打压你的最佳时机和最后时机就是现在。有了内忧，才会有真正的外患。现在也是最后一次机会，如果你跨过这个陷阱，将会进入另外一个快速发展通道，那对方就永远错失了压制你的机会。

所以，工业软件"风口"和断供是同一个原因的两个结果：中国工业和经济到达了分水岭。由此产生的直接结果是：①今天的中国工业已经离不开工业软件；②今天，断供是国际工业软件领先国家的基本国策。

断供的确是中国工业软件风口的催化剂，但不是根本原因。没有爱因斯坦，相对论还是会被发现；没有爱迪生，灯泡还是会被发明；没有被苹果砸中，牛顿也会发现万有引力，甚至没有牛顿，万有引力也会被发现。历史经验表明，以上事件都不是黑天鹅，而是趋势，是规律，是时代发展的必然产物，只不过恰巧落在了某个人的头上。有人认为断供与大国竞争及特定的领导人有关。但其实，权力更替后，一切没有变化，甚至变本加厉。

大约 12 年前的 2011 年，我们有过一次大讨论：我们做不做通用仿真软件？结论是：NO！因为时机尚未成熟。大约 7 年前的 2016 年，我们进行过另一次相同的大讨论。该年前一年，也就是 2015 年，中国人均 GDP 接近8000 美元，按年增长率 6%～7% 计算，2019 年将达到 1 万美元上下，如图 1-1

所示。我们知道"风口"快要到来了。于是，我们做了一个与 2011 年不同的决定：YES！

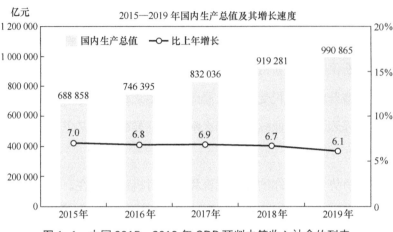

图 1-1　中国 2015—2019 年 GDP 预判中等收入社会的到来

所以，此次工业软件的所谓"风口"，根本就不是"风口"，而是趋势；不是突发的黑天鹅，而是可预测的经济规律，是一个新时代的到来。中国工业软件发展是国家工业发展的内生需求，不是外力使然。国际经贸摩擦、科技竞争、工业软件被断供将是新常态。也请那些投降派清醒一点，别人根本就不会接受你的投降，除非你自废武功。

既然这是一个趋势，是一个新时代的到来，那么战略上虽然可以藐视敌人，但战术上务必要重视敌人。面对其他国家工业软件的强大，我们认真分析发现，不要自己吓唬自己，我们真的现在就需要那么强大的工业软件吗？任何一个国家工业软件的水平都是与生产国的工业水平相匹配的，高水平的工业才需要高水平的工业软件。或者说，我国的工业和科技水平距离先进国家还有较大距离，对工业软件的需求必然也不会那么高。因此，我们认真分析中国工业的刚需，认真做出满足刚需的工业软件是可行的，也是唯一可以走通的路。

第2节　中国工业软件是众生还是神怪？

这两年，中国工业软件赶上了大日子，所有的聚光灯都汇聚过来。悲天悯人者有之，涂脂抹粉者有之，恨铁不成钢者有之。一时间，中国工业软件似乎非神即怪，总之不是凡间物。

其实，把工业软件放到中国工业发展历史的大坐标中来看，会发现中国工业软件也不过是一种再正常不过的 MADE IN CHINA 的工业品。中国工业软件与其他工业品一样，不仅具有相似的特征，也符合国家、社会和文化所赋予的属性，其发展规律和面临的困难也与其他工业品相似，转型过程的痛点、矛盾也大体相同。

1. 中国现代工业发展历程

改革开放以前，中国多数工业品是自主创新和自力更生的，大到两弹一星、解放牌汽车，小到永久自行车、上海牌手表。这些产品虽谈不上全球先进，但确实是自主研发和制造的。

改革开放以后，全球技术产品进入中国，除了严格被断供的领域，多数行业的产品功能和性能看似在飞速提升，原产地在中国的多数产品都依托于逆向工程，市场换技术是当时的一大重要策略。这个过程一方面提升了中国人民的物质生活水平，另一方面却降低了国人的自主研发能力、意愿和勇气，"中国制造"和"世界工厂"成为那时候的专有名词，"山寨"则是当时的高热词汇。

改革开放 30 年后，蓦然回首，我们发现这个国家已经成为制造大国而非制造强国，转型升级和高质量发展逐步成为社会强音。2015 年，工业 4.0

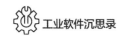

的旋律在全球响起，借助新科技实现换道超车成为中国工业界的共识，电动汽车被视为典范。此时，中国多家企业、多种工业品，以及引以为傲的互联网产业在新赛道上开始一日千里。

2019 年中国人均 GDP 达到 1 万美元，中国进入中等收入国家的同时，半只脚也踩到了中等收入陷阱的边缘。国际打压犹如洪水猛兽，狂轰滥炸，"断供"一词就此流行，一种强烈的危机感笼罩全国。中国创造、正向设计和转型升级不再是呼声，而成为中国工业活下去的刚需。

对于这段中国工业的历史，人们并不陌生且有共鸣。其实，中国工业软件的历史与这个过程基本一致。

2. 中国工业软件发展历程

CAE 软件是工业软件产业中最早出现的物种，大约在 20 世纪 70 年代开始在欧美兴起。中国最早且有影响力的完全自主研发的 CAE 软件 HAJIF 也是在 20 世纪 70 年代产生的。国际上第一个 CAD 软件 AutoCAD 出现在 20 世纪 80 年代初，国内唐荣锡教授的团队也是在同时期开始发展国产的 CAD 软件。也就是说，在改革开放之前（或刚开始时），中国工业软件几乎与国际软件同时发力，各有千秋，难分伯仲。这是不是像极了改革开放以前的两弹一星、解放牌汽车、上海手表这些完全国产的工业品？

改革开放以后，全球工业软件全面进入中国。30 年间，中国工业界逐步放弃了国产工业软件，国际软件几乎独霸中国市场。我们看似有更好的工业软件可用，但自主研发能力、意愿和勇气却消失殆尽。其他工业品的"山寨"一词，在工业软件领域换成了"盗版"一词——一种更狠的山寨，它利用了软件的特性，从而实现了复制低成本、功能不降低、质量不下降。但摆脱了"世界工厂"的身份，我国的制造类软件 MES 却毫不逊色于国际水平。

2015 年，响彻全国的工业 4.0 旋律似乎也惊醒了中国工业软件产业。工业软件界也将换道超车作为咸鱼翻身的策略，工业互联网和工业 App 被认为是中国工业软件的突破口。多个工业软件企业开始发力、布局并崭露头角。这是不是和其他产业和工业品的情况高度相似？

2019 年，工业软件"断供"成为高热词，犹如向温水中泼进一瓢开水，青蛙一下子跳离，在锅边喘着粗气，惊魂未定。这与以芯片为代表的高科技工业品的情况是不是也很像？

这一系列的"相似"和"像极"，其实说明了一件事：工业软件并不特别，也不神秘，它是中国众多工业品中的普通一员，是 MADE IN CHINA 的典型代表。坊间有种"中国工业软件失去 30 年"的说法，我认为是缺乏依据的。很明显，中国工业发展是收获的 30 年，与中国工业同频共振的工业软件，也应该得到类似的评价。

3. 中国工业软件发展有多难

之所以回顾历史，既不是哀怨过去，也不是无畏未来，而是力图客观正确地认识中国工业软件，既不敬之为神话，也不贬之为妖孽，终究是为了准确回答一个高频问题——发展自主工业软件有多难？既然中国工业软件与中国工业品的特征并无大的差异，那它们未来发展和进化的路线就应该具有相似性，中国工业品的成功路径便具有参考意义。

首先，一个国家对工业软件的需求与其工业水平相匹配，因此中国工业软件的水平也会与我国的总体工业水平相当，没有人会做出超越市场需求的产品。

其次，我国工业软件与国际水平的差距，和其他工业品与国际水平的差距相当，所以追赶的难度也相当。其实，我国工业软件与国际软件的差距水平并不取决于工业软件本身，而是取决于工业水平本身的差距。所以，脱离

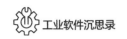

国家工业发展水平谈工业软件发展水平没有意义，就像是脱离市场需求谈软件功能一样没有意义。

再次，不要妄自菲薄，夸大难度，将其视为洪水猛兽，如果你对其他工业品突破断供困局有信心的话。

最后，也不要妄自尊大，无端藐视，将其视为小菜一碟，如果你对芯片和光刻机的自主研发仍然怀有敬畏之心的话。

第3节　中国工业软件的障碍与机会

剥开现代工业之魄，我们看到智能制造之魂——工业软件，仿真软件更是灵气逼人。中国制造在过去 40 年中取得了举世瞩目的成就，但类似的事情并没有在工业软件业发生，特别是仿真软件领域。

众所周知，近两年"断供"一词成为中国高科技行业的热词，"发展自主工业软件势在必行"已成为业界共识。当我们认真研究中国工业软件是怎么被"断供"时，我们却发现另有迷局！

1. 中国工业软件研发的障碍

中国工业软件与工业软件领先国家的主要差距不完全在技术本身，而在于怎样将其从科学计算程序转向软件工程，然后发展成为产品，最终成为商品，并实现商业成功。从分散在各行业的工业软件的水平来看，这个差距有二三十年；从工业软件的商业化进程看，差距至少有 40 年，还达不到他们 20 世纪 80 年代的水平，并且存在被逐渐拉大的势头。

与工业软件具有相同时代背景、相似国际格局和类似国内环境的工业设备类、硬件类产品却有不一样的发展态势。经过改革开放 40 年的发展，在这些领域，中国制造不算强，但产业规模至少是最大的，而中国工业软件行业却一直弱而小。因此中国工业软件发展的过程中，应该还有更深层次的原因和更难逾越的障碍。总结来说，中国工业软件研发的核心障碍有以下5个方面。

障碍1：中国工业软件在技术上很难在短时间内追平国际对手，用户缺乏耐心。无论什么原因，即使用户认可了发展和支持国产工业软件的必要性和重要性，中国工业软件的功能和性能与国际领先工业软件有30～40年的差距，也很难在短时间内赶上对手。如果用户对软件的完整功能和顶级性能的需求是刚性的、真实的，那么用户基本不可能接受这种差距，也没有耐心等待中国公司的追赶。

障碍2：仿真软件的开发成本巨大，一般公司难以承受。国际领先工业软件公司一年的研发投入动辄数亿美元。在当前，中国公司实难承受这种研发成本。

障碍3：工业软件研发企业难以在短时间内实现盈利，资本缺乏耐心。用户认可难度大，研发成本高，中国工业软件企业能够短时间盈利就成了小概率事件。社会资本的逐利本性，使这种投资几乎不可能发生。

障碍4：单凭功能、性能和价格，中国工业软件替换国外工业软件的难度较大。即便软件的功能和性能接近，可国内用户为什么要用你的工业软件替换当前已经在用的国外工业软件？价格可能是个变量，但低价甚至免费就能获得客户吗？客户反倒会怀疑这个商业模式的可持续性。其实，在缺乏积累的当下，工业软件前期的高投入会持续很长一段时间，即使我们采用零利润战略，价格也未必比国外工业软件低。何况，在边际成本为零的工业软件行业，别人短期用低价格与你竞争，也不是什么难事。

障碍5：知识产权保护弱，获得国际领先工业软件的成本很低。之所以

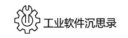

把这一障碍放到最后来讲，是觉得它对中国仿真软件自主研发的影响实在太大了。如果对这5个障碍做一个取舍，只能保留一个，笔者会毫不犹豫地保留这一个，所以它值得拿些篇幅展开讨论一下，详见本章第4节。

2. 中国工业软件发展的机会

中国工业软件的发展虽有障碍，但也不乏机会，尤其在我国进入中等收入社会、面临中等收入陷阱，以及在国际贸易摩擦和科技竞争的国际背景下，这种机会明显增多。

第一，中国工业软件虽然落后，但对国外工业软件的应用程度尚不深，依赖尚不强。普遍来讲，中国企业对工业软件的开发程度远远不够，用户的依赖性还没有那么强。这反倒给中国工业软件一定的喘息之机，因为一切都还来得及。以前"高价购买的工业软件没有发挥应有价值"这样一个令人痛心疾首的论断，在自主软件发展道路上，却很有意思地演变成了机会，特别是在仿真软件方面。所以，相对于CAD软件，我对中国仿真软件的自主化之路信心更强。

第二，中国工业软件代理模式培育了众多技术公司和技术人员。中国工业软件公司和技术人员众多，不过目前是一盘散沙，互相争斗，各为其主。第一个主子是钱，这些公司的生存并不容易，为了活下去必须在市场上战斗。第二个主子是国外软件供应商，我们争斗所使用的武器均是国外供应商提供的。软件要竞争，同一款软件的不同供应商为了争夺同一个客户也要竞争。如果有一种机制让这股力量凝聚起来，它将是中国工业软件自主发展的生力军。

第三，中国企业意识到危机，对工业软件国产化的要求越来越强烈。虽然中国企业普遍对工业软件的应用程度不深，但先进企业相反，他们都是工业软件的巨大受益者，对工业软件的应用开发到了很深的程度，软件效益高。

今天，这些公司有的已经被断供，或受到断供威胁，有的目睹了兄弟企业或兄弟行业的断供，危机感越来越强。大家都已经意识到，工业软件的国产化势在必行。

第四，中国政府对工业软件空前重视并进行可观投资，且具有制度优势。自从工业强国战略提出以后，工业软件的重要性被专家和政府推向越来越突出的位置。特别是最近的国际贸易摩擦和科技竞争，让工业软件的自主研发被空前重视，投资也越来越大。中国的体制历来具有集中力量办大事的优势，在国家重大项目和发展战略中发挥过无比巨大的作用。相信在中国工业软件的自主研发方面，其将继续发挥类似作用。

第五，中国知识产权保护力度的加强将激发和释放出更多需求。知识产权保护力度的增加，使得以前通过非正常手段获得软件的途径被切断。正常途径增加的需求使中国国产软件有了获得青睐的可能，至少用户还是需要公司服务的。

第六，中国工业软件具有巨大的市场潜力和需求潜力，也具有足够的发展空间。中国市场之大，让无论多小众的产品都有一定的需求，工业软件也是如此。如果把中国市场中的工业软件需求完全激发出来，中国还会有更大的市场空间。

第七，技术和需求的求异特征，给中国工业软件发展留下足够空间。不同于常规软件，国际工业软件并非几家独大，而是百家争鸣，很难被垄断，你总是会在任何一个行业或企业看到几款你不熟知的工业软件。我们观察国际市场也发现，任何一款工业软件总是能找到一定数量的用户。只要你的软件有一些特色，就不会被完全打死，总是有生存空间，无论大小。

总之，纵观中国工业软件的五大障碍，基本可以得到一条结论：国际工业软件已经建立了足够高的技术门槛和商业门槛。按照常规的市场化模式，

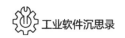

走国际领先工业软件之路，中国工业软件基本死路一条。但时代已经给我们发出强烈和明确的信号：如果充分利用中国的市场特点、应用特征、服务能力和制度优势，那么走出一条守正出奇的发展道路还是可能的。这是我们的宝贵机会。

第4节　中国工业软件是被断供还是自废武功？

中国工业软件产业发展面临多项障碍，包括技术积累弱、研发成本高、实现盈利难、国产替代难等，这些难题还是有办法解决的，但如果知识产权保护弱这一问题解决不好，那么以上问题都难以解决，解决好了这一问题，假以时日，其他问题总还是可以解决的。

从常规视角来看，保护知识产权就是保护创新意愿，就是保护市场环境，是一个产业良性发展的基础，似乎不需要解释什么。不过，也确实有人提出一个观点：任何一个产业不都是从逆向工程开始的？中国工业基础落后，从零开始必然有逆向工程的需求，这也是中国工业发展的必经阶段，而且改革开放40年中国的快速发展，的确就是这么过来的。

任何一个行业，无论国外有多好的产品，在中国肯定能找到一批同类产品，也同样有其对应的市场。在硬件类行业，国外的好产品必然贵，因为成本是硬性的。中国制造的产品也许功能弱，质量差，但可以更便宜，总是有一定的市场空间，只要这个市场能覆盖产品的成本，产品供应商总可以续存。

但在软件行业，这个特征被打破了。软件的一个重要特点是复制低成本、功能不降低、质量不下降。在知识产权没有良好保护的环境中，任何一个企业和个人都可以低成本获得国际软件。于是出现了一个在硬件（或设备）行业不会存在的问题：如果我能免费获得质量高、功能强的产品，那么我为什么要花钱买功能弱（先不说质量如何）的产品呢？

所以，若不尊重知识产权，用户有可能以零成本获得软件，这则会让后发软件企业根本没有生存空间。于是，你会发现一个怪现象：在硬件行业，总是被侵权的企业强烈要求打击盗版，保护知识产权；而在软件行业正好相反，总是那些没被盗版的公司对盗版行为痛心疾首，强烈要求打击盗版，保护知识产权！

另外，盗版软件的存在，让中国工业软件市场规模与工业增加值明显不匹配。类比工业发达国家的市场，如果按照当前中国工业增加值，工业软件市场规模应该在数倍以上。所以，软件知识产权保护对工业软件发展造成影响。如果每份软件都是合法授权的，那么偌大的中国工业体系造就的巨大市场，将使中国软件有由小到大成长的空间。

近年来，我国相关机构打击知识产权侵权行为的力度日益加大。随着时间的推移，相信市场环境将会有所好转。但我们还是希望这种力度再大些，不然中国工业软件产业等不起。

其实，即使我们不主动打击盗版，国外公司也不会视而不见，而且可能会利用这一现象设置陷阱和地雷。当前，中国工业软件市场的盗版转正（其实就是有节奏地打击盗版）逐渐成为国外公司新的收入来源。在互联网时代，软件供应商收集某单位的软件使用证据如探囊取物。在证据面前，轻则补缴，重则受罚，而且有企业已经被苛以重罚。今天你被割的韭菜，都是当年用盗版留下的祸根。

本节的这条结论可能会让你瞠目结舌：中国工业软件不是被断供，而更像是被我们自废武功！

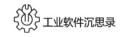

第5节　中国工业软件发展的10个矛盾

众所周知，中国工业软件产业距离国际先进水平有巨大差距。面对差距，有人唉声叹气，说差距太大无法追赶；有人斗志昂扬，说差距虽大但可换道超车。总之是一副小马过河的场景。

其实有差距很正常，差距本身也不可怕，我们只需埋头苦干，假以时日，总是可以追赶甚至超越的。但摆在人们面前的情况往往要复杂得多，任何一种差距都以矛盾的形式存在。矛盾会让你顾此失彼，无法心无旁骛地追赶。

所以，在我看来，无矛盾的差距不是真差距，有矛盾的才是。持悲观论的人，若能看到这些矛盾，即算是一种清醒的悲观；持乐观论的人，如果没有解决这些矛盾的金刚钻，那就是盲目乐观。

我认为，中国工业软件产业发展存在以下10个矛盾。

1. 基础薄弱与创新突破的矛盾

面对断供，人们猛然发现工业软件基础薄弱，百废待兴，感觉需要花费大力气做那些大鳄们曾经做过的基础工作。等冷静下来思考时，则会发现如果沿着国际大鳄的老路走下去，我们永远也追赶不上，正所谓"拿着旧地图，永远找不到新大陆"。但缺乏积累的创新算不算真正的创新，到底是换道超车，还是给他人作嫁衣？

2. 造血难与投入大的矛盾

目前，国产软件的功能和性能远弱于国际软件，缺乏快速占领市场并形成收入的通道，当然也就无法回笼资金。但工业软件的研发成本高，如果没有较长时间持续的资金投入，国产工业软件夭折在半山腰是大概率事件。当然吸收社会投资是另一条可能的路，但造血能力有限，可以考虑短期输血。

目前看来，国产工业软件的盈利周期不短，即使近期有可能盈利，整体市场规模也仍然很小，这是由工业软件的属性决定的。从全球数据来看，工业软件是杠杆性产品，其撬动的 GDP 很大，但自身产生的直接 GDP 很小。对资本来说，这种产业太不"性感"了，吸引力很小。这种看似无解的谜，不知道那些"嗜血"的商业资本怎么看？那些签了对赌协议的开发商怎么看？

3. 功能不强与国产替代的矛盾

按照国产工业软件当前的状态，其功能、性能和质量达到国际先进软件的水平有很长的路要走，但实现国产替代似乎是当下就需要达成的紧迫目标，至少是全社会的期待。然而国产工业软件在技术指标上达不到要求，又必须进行软件的替换，这需要怎样的决心和勇气？又需要怎样的创新模式和路线？

4. 工程化验证和推广困难的矛盾

工业软件是用出来的，需要在研发和应用之间长期迭代而来，需要大量的工程化验证来打磨。但是就当前的工业软件水平而言，形成批量的真实用户困难重重。如果不能形成用户群何谈工程化验证？真正的用户往往是那些花钱购买工业软件的用户，只有这些用户才会真正使用工业软件，但免费推广都未必被人接纳的工业软件，在商业用户面前更难获得芳心。

5. 竞争赛马与小散乱弱的矛盾

市场经济的成功之处在于鼓励竞争，在竞争中促进发展，这对于国产工业软件的发展是有借鉴意义的。但当前中国工业软件企业的综合特征是"小、散、乱、弱"，任何一家企业和国际竞争者相比都是小帆板与航母的差距，我们亟须让这些力量联合起来形成集团作战能力。"打"还是"合"，这是一个问题！哈姆雷特的灵魂发问，在中国工业软件产业一直停不下来。在竞争与合作之间，如何处理好这对矛盾？

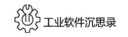

6. 产品化和活下来的矛盾

过去国产工业软件企业都希望做一款顶天立地的产品，但最后都被项目缠身。产品化需要长期投入，板凳甘坐三年冷，但没有收入，现金流断裂，企业无法活着见到明天的太阳，所以很多企业被逼无奈，只能承接用户的短期项目，做定制化开发。即使工业软件企业目前不缺钱，也难以拒绝市面上大量定制化项目屡屡抛出的橄榄枝，它们是破坏产品化定力的魔鬼诱惑，尤其是当后面还有资本家挥舞着的业绩鞭子时。

7. 低刚需和被断供的矛盾

国产工业软件的平均"刚需"是由我国综合工业水平决定的。中国工业水平与国际工业发达国家的工业水平相比有差距，所以我国对工业软件的"刚需"也不会像那些国家那么高。按投入产出比最大化原则，国产工业软件的优先研发目标是满足这种不高的"刚需"。但目前来看，解决断供问题似乎才是国产工业软件的使命，而那些被断供的企业正是工业水平最高的一批，有些企业已经达到和超越了国际水平，他们对工业软件的需求恰恰是最高的，对工业软件的需求水平等同于国际先进工业软件水平。在研发资金有限的当下，我们到底应先满足哪方的需求？

8. 无软件和上云难的矛盾

中小企业采纳工业软件有缺资金、缺人才、缺技术三大门槛，所以对工业软件的态度如敬鬼神而远之，最终呈现中小企业无软件可用的现象。但工业软件采用上云方案来试图协助中小企业跨越门槛时，却遇到价值认知低、技术门槛高、知识产权困局等另外三大门槛，使得工业软件遭遇"上了云却又无人问津"的窘境。工业软件上云，技术不难，难在"上了云却遇了冷"。

9. 工业基因和软件基因的矛盾

工业软件是工业场景和软件编码的结晶。工业软件公司需要具有较强的工业基因，以理解那些复杂场景，还需要研发大型软件的能力，以保证软件在工业生产中不掉链子。两种基因同时存在于同一家企业，这是一项挑战，工业基因冰冷刚毅，软件基因却温柔似水。无论一个企业前身是工业企业还是软件企业，它修炼成为工业软件企业都需要一场涅槃。

10. 人才缺口大和人才培养慢的矛盾

工业软件风口突然到来，该产业快速升温，对人才的需求呈现井喷态势。但过去因为人才需求量小，国产工业软件的人才培养体系一直没有建立起来，没有连续的人才输出，缺乏人才储备。仅有的少量人才也被其他收入更具吸引力的产业掳走。人才培养体系的建立非一日之功，即使发挥体制优势，迅速完成体系建立，人才的培养也需要周期，无法立竿见影。

面对这些矛盾，让我想起 TRIZ——发明问题的解决理论，简称创新方法论。TRIZ 理论成功揭示了创造发明的内在规律，着力澄清和强调系统中存在的矛盾，其目标是无折中地解决矛盾而获得理想解。正是因为充满矛盾，国产工业软件的破局才需要大胆创新，勇于突破，力图无折中地解决矛盾，才能实现才华的发挥，这也正是从事工业软件事业的吾辈们的价值和使命所在。

第6节 中国工业软件发展的10个误区

面对中国工业软件发展得如火如荼，有人摩拳擦掌，说成功近在眼前；有人望洋兴叹，说彼岸远在天边。依我看，无论什么论调，都看似言之有理，却也似是而非。这丝毫不奇怪，进入新时代，面对新事物，我们必须要走过一系列误区。误区往往无法绕过，甚至会被人们当成大本营安营扎寨数年。

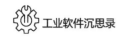

真理就是在不停地从一个误区进入另一个误区的过程中获得的，经过多次误区洗礼，迭代递归，规律终将显现。今天，就工业软件发展的误区，我们先选10个讨论。

误区1：中国工业软件的"风口"是"断供"带来的

这几年，中国工业软件"风口"到来，很多人说"断供"是其原因。你质疑过这个说法吗？这个"风口"是怎么来的？有人说是他国制裁，有人说是国际打压。似乎很对呀，贸易摩擦、科技竞争及"断供"导致了中国工业软件"风口"的到来。

在我看来，断供并不是中国工业软件风口到来的原因。事实上，此次风口和断供只具有相关性，并非因果关系，它们都是一件事的两个结果——中国工业和经济的发展到达了分水岭。其底层逻辑是：2019年中国人均GDP达到1万美元，中国进入中等发达水平，同时，面临"中等收入陷阱"。此刻，跨越陷阱的方法是经济发展模式必须从要素驱动转向创新驱动，工业软件是最重要的工具之一。此刻，也是竞争者把你推下陷阱的最好时机。如果太早，则还没有陷阱使竞争者可以落井下石；若是太晚，你可能已经跨过陷阱。这也很好地解释了"贸易战"和"科技战"为什么是在2018年开打，而不是其他时间。此后的20年是我们跨越陷阱的时间，国际断供将是新常态。因此，国家推动工业软件自主发展是必然选择，也就自然使其成为风口。于是，我们看到断供和风口同时到来的现象，但这并不意味着断供是风口的原因，它们只具有相关性，底层原因是中国工业和经济发展到达了分水岭。

断供的确是中国工业软件风口的催化剂，但绝不是基本原因。此次工业软件所谓的风口，根本就不是风口，而是趋势；不是突发的黑天鹅，而是可预测的经济规律；不是一个转瞬即逝的窗口，而是一个新时代的到来；是国家工业发展的内生需求，不是外力使然。

误区 2：赶上国际标杆，才能实现国产替换

国产工业软件确实不得不面对一个现实：中国企业在用国际先进工业软件。如果想做替换，你的工业软件水平是不是必须得赶上甚至优于人家的？这个过程，在我们国家称为"对标"。对于工业软件，多数人一直忽略了一个关键问题：我们真的需要做出大鳄们一样厉害的工业软件吗？我们经常讲对标，到底应该对什么标？现在每天讲突破"断供"困局，讲国产替代，于是，就想当然地对标国际先进软件。

这些年，我们天天在用户现场观察，发现国际先进的工业软件在用户那里经常使用的功能非常有限。国际工业软件的确先进，但那是根据产出国的工业水平的需求来开发的。一个国家的工业软件水平是与这个国家的工业和科技水平相匹配的。中国的工业水平没那么高，对工业软件的需求必然不高。

所以，我们对标，其实应该对标本国工业企业的"刚需"，而不是对标国际先进软件。当我们悟到这个的时候，才发现，我们只需要做出国际先进软件的 40% 的功能即可满足中国刚需。在国际工业软件面前，我们仍然觉得可以一战的原因就在于此。

但也不要过于乐观，厘清刚需到底是什么，这可不是吹气就能得来的。到底是这 40% 还是那 40%，是需要我们在用户现场摸爬滚打，实地考察的。这也正是笔者所在团队的专家们的优势所在。这么多年来，看似我们是在研究国外软件，但真正做的却是全面了解国内用户的真实刚需。

误区 3：避开国际大鳄锋芒，差异化是取胜之道

中国古代的战法里有"守正"和"出奇"两种策略。那中国工业软件突围，是该守正还是须出奇？"出奇制胜"和"差异化竞争"这样的词语，在战争与商界中往往被赋予了魔力和褒奖。中国工业软件要突围，当然应该出其不意！但真该如此吗？

我一直谈一个观点：中国工业软件出现 4 个新赛道，这些赛道上没有国际大鳄，只有中国工业软件公司。新市场上没有国际软件，只有中国软件。未来若干年，中国市场将产生大量对干粮而非灵芝的需求，即"刚需"。

关于用户需求，中国工业软件领域存在两个现象。第一个现象是，用户在采购工业软件时，并没有真正分析自己的刚需，而是对标国际先进软件，作为自己的采购需求。第二个现象是，开发商似乎也认定，国外先进软件开发的时候已经了解过用户需求，他们不需要再做过多研究，直接对标国外软件即可开发出满足用户需求的软件。最终的结果是，他们依旧不知道用户真正需要哪些功能，我们将其称为盲目对标。

识别刚需，可以让好钢用到刀刃上，把珍贵的经费用于刚需。无论融资与否，中国公司在经费方面对比国外软件仍然有所欠缺，不应该将有限的经费用于暂时不需要的功能开发，何时开发何种功能，是时机选择的问题，应该避免被拖入开发陷阱，这个陷阱甚至最终可能影响企业的生死存亡。

误区 4：好产品是用出来的，必须走到用户中去工程验证

工业软件界有一个共识：工业软件需要大量的工程化验证，才能进入实际工程中使用。的确，写几万行代码，开发出来一套工业软件其实并不难，难的是这套软件是不是经得住实际工程的考验。软件的评测，内行看门道，外行看热闹。外行喜欢看的往往是软件功能，内行则会钻到深处看性能，底层的算法和引擎决定了软件有多硬核，而它们则需要长时间、大量的工程化验证方堪大用。

过去，企业一般有两种方法进行工程化验证，一是用试验方法，二是用户现场工程应用。无论采用哪种方法都需要投入大量时间和资金。在现阶段，这两个途径在中国工业软件公司这里都不具有可行性。于是，我们提出了另外一套切实可行的国内的验证方法——用过去的案例验证今天的产品。

我们积累了各个行业大量的工程案例，形成了拥有上万案例的工程案例库。案例库的数据经由国外软件应用实践而来，并通过用户试验及工程结果进行过验证，结果确认可靠。利用这个案例库进行工程验证，节约了大量的时间和资金，相当于用过去的时间置换未来的时间，用过去投入的资源和经费置换未来的资源和经费。

误区 5：成本高，竞争强，卖不出去，活不下去

谈起中国工业软件的自主研发，我们的第一反应是难！工业软件大鳄们建立的技术高度实在是太高了，而且他们每年的研发投入是如此之多。按照我们的起点和投入，何年何月才能登顶？纵有豪情万丈，仅凭家国情怀肯定是有去无回的。

工业软件市场是典型的 B2B 市场。国外工业软件盘踞中国 40 年，经过长期的关系型营销，客户关系早已被固化，那些看似的潜在客户，早已被瓜分殆尽。全新进入工业软件市场者在触及客户方面往往有着难以逾越的障碍。

但我们并不是没有机会，而是机会巨大。依据我们对当前中国工业软件市场的理解，有以下几个判断：①禁运行业（军工或实体名单）无工业软件可买；②中国占比最高的企业群体——中小企业无软件可用；③工业软件被断供之后，重大民品企业的工业软件供应也朝不保夕；④中国知识产权法逐步完善后，传统的工业软件产业将出现大量空白市场空间。

这就是前文所言的 4 个新赛道，这 4 个新赛道是留给我们的机会，是天时。针对不同的赛道应该设计不同的市场开发策略，例如禁运赛道中的攻关工程、重大民品中的备胎工程、中小高校的产业基础打造工程等，每项工程的用户特征画像、核心诉求（刚需）、商务决策链、技术决策链、技术解决方案及交付实施方案都完全不同，需要专业化打造。

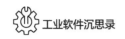

误区 6：功能不强，性能不好，可以靠价格感动用户

开发一款符合用户需求的工业软件的难度还不是最高的，真正难的是，即便开发出了一款比肩国际大鳄的工业软件，用户又凭什么要用这套工业软件替换已经运行在他那里的国外工业软件？有人说，它价格更便宜，性价比更高。其实，即使它的功能和性能可以比肩大鳄，如果对方决心与它一战的话，它的价格也未必能占得了优势。毕竟，软件的边际成本几乎为零，对方在短时间内降价根本没有压力。

那我们的出路何在？其实，中国工业软件用户的应用困局是国际大鳄们留给我们的最后机会。对比国际先进企业和国内同类企业时，我们发现，工业软件在国内企业的开发深度和使用效果远未达到预期。国内企业和国际先进企业工业软件的条件差别并不大。但二者的工业软件的命运却有天壤之别，到底是为什么？

这个曾经令人痛心疾首的问题，现在却很有意思地演变成了我们的机会！谁能改变这个现状，谁将拥有中国工业软件的下一代机会。买工业软件不是买软件和硬件，而是希望买到研制能力。只要能帮助用户提升生产力，他并不在乎用的是什么软件。中国自主工业软件若想成功，只能瞄准这一诉求：赋能企业。通过解决中国工业软件应用实效不高的问题，逐步实现自主软件的替换。

凭什么赋能企业？在仿真领域，我们的法宝就是"企业仿真体系建设方法论"。该方法论体系是一套帮助企业建立仿真能力的体系，所以也可称为"仿真赋能体系"。只要我们提供的软件基本满足用户刚需，通过对企业进行赋能，就可以完成对舶来品的替换。

误区 7：酒香不怕巷子深，好产品不愁卖

关于自主工业软件，很多人说"只要我能开发个好软件，何愁卖不出去"！乍一听，这句话没毛病。细想想，这其实是个商业悖论！

没有成功的商业路线，就没有成功的技术路线。任何一个产业的DNA由两条链构成：技术链和商业链，两者缺一不可。在当前的技术和市场格局之下，中国自主研发工业软件能否成功更多的不是技术问题，而是其商业化能否成功的问题。无论开发出了多好的产品，只有能卖给用户才能回笼资金，继续开发新的功能和版本。

"好软件不愁卖"的相悖之处就在于：工业软件需要与用户一起迭代打磨才能成为好软件，卖不出去，何谈迭代打磨？到底是先开发出好软件还是先将软件卖出去，这似乎是那个"先有鸡还是先有蛋"的千古迷思。其实，无论是鸡还是蛋，都不是天地洪荒时就有，而是慢慢进化出来的，就像技术一样，是一步步迭代出来的。所以，先有鸡还是先有蛋，本身就是个错误的问题。这个迷思带给我们的证悟是：没有过硬技术是千万不行的，没有商业通路也是千万不行的。

误区8：工业龙头企业才能开发好的工业软件

最近很多人谈一个观点：只有工业龙头企业才能开发成功的工业软件，你看，西门子、达索生产的工业软件都是优秀的工业软件，这两个都是工业公司。但他们忘了3件事：一是西门子收购UG的时候，UG已经是CAD/PLM界的三强之一；二是达索从工业品公司分离出来后才开始壮大；三是ANSYS和PTC都很强，但它们不是工业公司。

其实，工业软件基因和技术积累都很重要。成就任何事情都要有基因，至少，强大的基因能提升你的成功率。大自然的基因是生物经过亿万年的进化，形成的相对稳定的那串遗传密码。在产业上，基因就是你的组织经过长时间创建和进化而形成的积淀。虚的方面讲是文化、思维和意识，实的方面讲是技术、数据、人才、客户等。我们不否认工业龙头企业有人有钱，但没

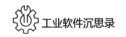

有工业软件基因，它们在战略上也不可能转向工业软件，更不具备工业软件用户基础，除了自产自销外，同行们会避之不及……

技术积累是工业软件的另一大基础，没有长时间的工业软件技术积累就贸然出发的人，基本上都会死在半山腰。这里所谓的技术积累是个技术谱，而非几项零散的技术，且技术谱要与目标用户的需求谱相匹配，特别是"刚需谱"。技术谱和刚需谱中的"谱"是需要时间和规模来积累的。那些突然宣称自己可以做工业软件的组织，若不是迷之自信，就是想欺负中国懂行的专家不多，误导主管部门的决策。

误区 9：中国工业软件全面落后于西方

谈起国产自主工业软件，人们的第一反应是技术差得远，市场占有率低得多。但果真如此吗？

工业软件有很多种分类方法，有人将其分为研发、生产、维护和管理 4 类，我曾在某些场合下将其分为业务执行、业务管理和业务资源 3 类。为方便讨论中国工业软件的当前水平，本节提出一种新视角——根据其所基于技术、资源（知识）或原理的属性来分类，因为这种属性与我国工业软件当前发展水平具有正相关性，同时说明此属性对软件的发展具有明显影响，也隐约指出改善焦点和突破顺序。

从底层属性这个视角来看，工业软件分为 3 类：基于自然科学原理的科技类、基于工程实践知识的工程类和基于社会科学的管理类。总体来说，中国的科技类工业软件水平与国际水平差距最大，工程类次之，差距最小的是管理类。这与中国工业在这几类软件所基于的底层技术、资源（知识）或原理等方面的发展水平是一致的。

① 我国的科技类工业软件的水平相比国际先进科技类工业软件水平落后，以产品化形态存在于中国市场的份额不到 5%。

② 工程技术和知识具有鲜明的实践特征，其对应的工程类工业软件与国际先进工业软件差距不大，在国内市场占有率上与国际软件平分秋色。

③ 我国坚持和完善社会主义基本经济制度，西方管理类工业软件在中国基本水土不服，中国企业的首选是国产管理类工业软件，占据 70% 的市场份额。

④ 除了上述 3 类软件，还有一种隐藏在水面之下的软件——核心引擎。工业软件发展难度大，但可见部分的难度只是冰山一角，真正难的部分是水面之下的部分。

总结来说，就中国市场占有率而言，国产工业软件水平并不是全面落后于国际，而是因类别而异：核心引擎完全空白，科技类软件全面落后，工程类软件平分秋色，管理类软件领先于国际。

误区 10：一流组织造标准，三流组织造产品

中国工业及管理机构向来对标准很重视，工业相关标准也很多。工业软件的热潮把工业软件标准热也带了起来，各机构、团体都热衷于编制标准。业界一直有个说法："三流组织搞产品，二流组织搞服务，一流组织搞标准"，于是很多机构和企业就把编制标准当作自己追求的目标，热衷于抢占标准高地，积极参与各种标准的制定，以为这样就能成为一流企业。

其实，这件事情的底层逻辑是："一流组织做标准"的真正含义是企业首先成为一流企业，然后才有资格编制标准。一流企业首先是个成功的产品型企业，其次是个成功的服务型企业，然后才是个有资格编制标准的企业。服务企业也是一样，首先它应是个成功的产品型企业，才能有能力做高端服务。企图跳过产品和服务两个阶段，投机取巧走捷径而直接编制标准的企业是不可能成为一流企业的，做出堆积如山的僵化标准而不自知，只能贻笑大方。

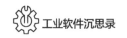

没有硬课题的软课题只能是"疲软"课题。如果"硬课题"成功，那么其配套的标准必然成为事实上的标准。没有工业软件相关的硬项目，工业软件标准这样的软项目很不容易成为事实上的标准，其价值会大打折扣。

因此，"造标准"其实是"一流企业"的结果，而不是原因。成为"一流企业"的原因还是"一流产品"，千万不要搞错了因果关系！

第7节　中国工业软件还有生存空间吗？

中国工业软件新时代毫无预兆地强势到来。一时间，忽如一夜春风来，千树万树梨花开。在国家政策和资本加持下，中国工业软件研发机构如雨后春笋般涌现。

不过，不管趋势多猛烈，各研发机构必须想清楚一件事：我们如何和国际大鳄们共存于这片池塘？能不能活？为什么能活？凭什么活？毕竟，众大鳄及其代理们凭借多年的市场经验如八仙过海，各有各的近水楼台。

面对虎视眈眈的大鳄们，中国工业软件公司肯定知道这条生存法则：避其锋芒，差异化竞争。很明显，这么多年，大家也在按照这个生存法则开发产品。我们看到的国内产品，有些是某个极其细分行业的专用产品，有些产品则有大鳄们不具备的独特算法或特异功能，有些产品在局部功能具有领先优势，有些研发机构则干脆开发云软件。总之，"出奇"变成中国工业软件产品研发的主流策略，研发机构努力创造灵芝而非生产干粮。

然而，笔者供职的公司做了一个非主流的决定——守正，生产干粮！我们推出的仿真软件就是解决大部分人温饱问题的干粮。该软件包含的功能都是依据中国企业的刚需而开发出来的基础功能，并没有刻意避开国际大鳄的刀锋和锐气。

做出这个决定的原因是，我们看到了一些不一样的东西，你可以称之为中国国情：中国用户需要干粮而非灵芝，但中国工业领域用户在没有真正解决生存问题之前，灵芝是有毒的。君不见，原本能救命的灵芝却救不了研发机构自己的命，至少在过去是如此。

之所以说中国工业领域用户没有真正解决生存问题，是依据我们对中国工业软件市场的以下几个判断：①禁运行业（军工或实体名单）无工业软件可用；②中国占比最高的企业群体——中小企业的无软件可用；③断供后，重大民品企业工业软件的供应也朝不保夕；④中国知识产权合规标准管理体系逐步完善后，传统的工业软件产业将出现大量空白市场空间。

也就是说，中国将出现 4 个工业软件新赛道，如图 1-2 所示，这个赛道上没有国际大鳄，只有中国工业软件，这里便是中国工业软件的生存空间。如此多而宽的新赛道，容得下"守正"的中国工业软件！现在既然是大道甚夷，那民就不该好径。未来若干年，中国市场将产生大量对"干粮"而非"灵芝"的需求，"干粮"才是中国用户的"刚需"。这就是我们为什么在技术和产品研发上选择守正。当然，新旧赛道迟早会合并，所有战车将在同一个赛道上竞技。也正因为如此，中国工业软件才要坚持守正路线，尽快在工业软件的基本面上进入全球第一梯队。唯有如此，未来合轨之时，中国工业软件与国际大鳄才有一战的能力。打仗当然需要用奇兵，但最终的胜利取决于国力，也就是工业、经济和人才，这些无一不是靠"守正"才能获得的。

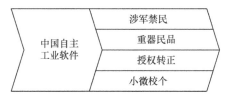

图 1-2　4 个工业软件新赛道

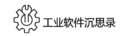

中国工业软件的成功不是由技术和产品单方面决定的，特别是在当前市场格局之下，商业的成功比技术的成功难度更大。中国工业软件能不能成功的终极标准是：能不能在用户业务环节中占据一席之地甚至重要地位。在广泛使用舶来品的中国企业中，中国工业软件的成功标志就是：成功遏制舶来品，甚至大批量地替换舶来品。因此，虽然我们在技术和产品研发上不可不守正，但在市场推广上必须出奇方能制胜，必须走出与国际大鳄不同的路线，才有遏制和替换舶来品的可能。

以仿真软件为例，针对其发展路线，我们提出了这样的策略：技术上守正，商业中出奇。在技术上，我们提出一套双驱策略（两条主路）：高点起跳，赋能开道；在商业上，我们提出另外一套双驱策略（两路奇兵）：基础免费，云化普及。

两条主路：①高点起跳。认真分析中国用户的刚需，梳理已经掌握的技术，针对刚需，做到高点起跳。②赋能开道。解决中国企业仿真应用效益低下的问题。利用笔者提出的仿真赋能体系方法论，在全国孵化众多服务力量，为企业赋能，消除中国企业"大拿迷局"现象，解决"假仿真"问题。

两路奇兵：①基础免费。中国工业软件公司应准备足够的咨询服务经费为赋能开道，而不是像国际大鳄那样只想用产品攫取利润而非帮企业建立能力。②云化普及。通过仿真云生态，将中国全社会的仿真力量汇聚在一起，通过社会服务力量打通服务瓶颈，降低中小企业仿真应用门槛。

守正出奇是中国古人治国用兵的智慧。《道德经》说，以正治国，以奇用兵，不能守正，莫谈出奇。中国工业软件，需用奇兵，但须守正在先。技术和产品研发应守正，市场推广须出奇。

第8节 谁来担负中国工业软件破冰使命?

近3年,对中国工业软件来说是大拐之年。与高端芯片一样,中国工业软件、工业软件人和工业软件组织也罕见地被高光照射。

笔者醉心于工业仿真、精益研发和知识工程的研究25年,对其他领域的了解只限于文字和视频等二手材料。这两年深度参与了这3个领域之外的工业软件相关事宜,和很多行业领军人物的交往让笔者开了眼界。原以为自己供职的公司是那只不惧丹炉真火的倔强之物,哪知每一个中国工业软件公司都是三头六臂的不屈存在。这些公司在商海中被无情摔打,但又不断攀登技术高峰,最终练就了哪吒身。

笔者最近被问到什么样的组织适合做工业软件,脑中的答案就是——守望者。《守望者》的剧情是:由于邪恶势力肆意蔓延,一群具有超群实力的正义之士挺身而出,他们戴着面具,身着奇装异服,与各种恶势力展开较量……

不管你怎么理解"恶势力",想要担负中国工业软件的破冰使命,都必须要有远大的抱负,还得有超常的能力,这就是那些做了10年以上工业软件还没消失也没转行的组织。

大拐之年必有大妖。风口到来,商机乍现,突然所有的人和组织都宣称自己可以做工业软件。但当用实际能力来衡量他们的时候,那些最有可能成功的组织的特征很明显,本节给出几面照妖镜:基因、战略、退路、商业、技术,他们缺少什么一照便知。

1. 基因

成就任何事情都要有基因,工业软件也是,至少,强大的基因能提高成功率。很多人不信这个邪,觉得事在人为,在这件事上成功,在其他事上一

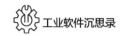

样能成功，于是多数人死在"多元化打野"的路上。

在产业上，基因其实就是组织经过长时间进化的积淀，虚的方面讲是文化、思维和意识，实的方面讲就是技术、数据、人才、客户等。很多人和笔者叫板说：在新经济时代，基于互联网思维的商业模式就不吃你这一套。抱歉，有这种想法的人肯定是心灵鸡汤喝多了。中国最成功的互联网公司——阿里和腾讯，它们的企业发展史，应该比叫板笔者的人的工龄都长吧。时髦新潮的互联网尚且如此，端庄稳重的工业软件岂可弯道超车？

生物的 DNA 是一种长链聚合物，其基本组成物质是 4 种脱氧核苷酸，由这些要素排列组合构成的两条长链互相盘旋而成。工业软件产业 DNA 也由两条链构成：技术链和商业链，两条链缺一不可。每条链同样由多个要素构成。以下两条链 8 项要素，你具备多少，就决定了你成功率的高低。

（1）技术链的成功要素

① 高覆盖的技术研究

② 系统化的技术积累

③ 对刚需的准确识别

④ 可行的工程化验证

（2）商业链的成功要素

① 遮风避雨的兜底资金

② 触达商业用户的通道

③ 对舶来品的替换策略

④ 产业基础的培养策略

一家组织有什么基因，不用了解历史，问它们几个问题就能了解七七八八。

这个组织的人（特别是老板和高管）每天说的是什么？脑子中琢磨的是

什么？看文献、看材料时看的是什么？每天会晤的人是什么人？所谓三句话不离本行，日有所思夜有所梦，语言可以包装，但行为是诚实的。在多数情况下，如果老板们的所言所语、所思所想、看的文献材料和与他们交往的人大部分与工业软件无关，那么无论他们如何渲染自身的工业软件情怀，都无法令人相信工业软件根植在其企业基因中。

2. 战略

一个组织如果制订了战略就代表它不会三心二意。如果发现它没有做好赔3年的准备，就别相信真的会做工业软件。先不说工业软件首版发布后的营销能不能收获正反馈，仅设计出功能和性能尚可的首版产品，这个组织就得安心做3年，且组织还不能太小。

战略，与其说是"选择"的科学，不如说是"放弃"的艺术。贸然选择踏入工业软件天路，有些组织是轻敌了，没有预料到道路的艰辛；有些组织则是贪心了，舍不得放弃任何一个看似是馅饼的陷阱，无论什么原因，如果没有做好充分的战略研究，最后都肯定会遇到同一件悲惨事儿——钱不够了。看似是风雨难测，世事难料，其实是因为一开始组织就是抱着侥幸心理。

要做中国工业软件，就要具备战略决心，做好策略分析，准备打持久战，需要备好至少3年的遮风避雨的兜底资金。

关于战略决心，其实表面特征也很明显，问一下：这个组织坚持了5年以上的东西是什么？坚持了10年的呢？20年的呢？

3. 退路

如果说战略是谈主观决心，那退路就是看客观决心。韩信知道将士主观决心再大也不够，于是把船烧了，彻底建起了客观决心。

组织赖以生存的东西是什么，不做这个会不会饿死？如果会，那它丝毫不会懈怠，"背水一战、破釜沉舟、凭城借一"这些成语就是形容它的。如果不会，那随时逃命是必然的，"虚晃一枪、夺路而逃、全身而退"这些成语就是为它准备的。

万事就怕认真。路遇猛兽，如果翻身便逃，那只有一个结局——被赶尽杀绝。如果直面劲敌，坚定盯住对方的眼睛，妙用天时，巧用优势，或可一战。没有生存危机感的企业，也许连这个心思都不会有，更别说胆量了。

关于退路，请问：这个组织靠什么活着？工业软件、办公软件、工业产品还是房地产？商机乍现，该组织争取这个商机的动机是赚一笔钱就走，还是真的做好了转行的准备？做了哪些准备？

4. 商业

在基因一节的内容中，我们提到工业软件产业 DNA 的两条链缺一不可。中国工业软件能否成功，取决于两项成功能否同时达成：技术成功和商业成功。没有商业成功路线，就没有技术成功路线。之所以这么强调商业，并不是因为技术不重要，而是业界太过强调技术了，这恰恰最终扼杀了技术的成功。

实话说，技术再难，都可以从零做起。做出软件的第一个版本并不难，只要有相应的商业回报，就可以继续做第二个版本，就像 DNA 的生长和进化一样，一代一代地接力下去，终会成功。怕就怕一些组织一开始并没想好商业路线就着手技术开发，这正是中国工业软件界最常见且最危险的陷阱。

无论你开发多好的产品，有多少种用户，只有一种用户是你的衣食父母，那就是商业用户——拿出真金白银买你产品的那些用户。看似海量的潜在客户名义上是你的，真相却是他们早已被瓜分殆尽。中国的 B2B 市场，经过这 30 年的关系型营销，客户关系早已被稳稳地固化。一个全新的市场进入者如想触达客户内心何其艰难，酒香不怕巷子深的逻辑早已行不通了。

一家长期坚持工业软件研发的组织的一个最大特征就是：拥有相当数

量的、相濡以沫的高品质客户，触达这些客户的通道是现成的。相比那些突然宣称自己能做工业软件的组织，长期坚守的工业软件组织的商业DNA链条上"触达商业客户通道"这项要素要坚固许多。同时，其潜在客户需要遍布各行各业，而非个别行业，除非是研发适用于特定行业或专业的特种工业软件。

考察一家组织的商业基因，可以问一下：这个组织真正成功地靠自己卖过东西吗？还是靠国家的定向采购？它是真正在20家以上的竞争者中打得头破血流得以脱颖而出还是靠某种垄断？曾经卖得比较成功的东西是什么？营销和市场团队多大？这些人每天是和那些买工业软件的人还是买装备的人沟通？他们是思维方式完全不同的两类人。

5. 技术

工业软件产业是个传统产业，经过60多年的发展，基本形成了一套稳定的国际格局，无论在技术上还是在商业上都已经形成了完整地图，所以这里不像戈壁荒山那样任你跑马圈地。没有一套明晰的产业地图，如果你贸然进去，那基本就是其中大鳄的食物。

按照中国古人的智慧，要成大事，天时、地利、人和三者缺一不可。就工业软件产业而言，技术积累就是"地利"。产业地图勾画出来后，需要判断自己所处的高度，这个高度是不是足够高，可以让你做出整装出发的决定。应该没人傻到攀登珠穆朗玛峰从海拔0米处出发吧？珠穆朗玛峰在中国境内有两个大本营，其中东坡大本营的海拔是5200米，与珠穆朗玛峰峰顶的直线距离约19千米。中国工业软件公司的技术积累至少要达到任何一个大本营的高度。

没有长时间的技术积累就贸然出发的人，基本上都会死在半山腰。这里所谓的技术积累是个技术谱，而非几项零散的技术，且技术谱要与目标用户

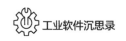

的需求谱相匹配，特别是"刚需谱"。技术谱和刚需谱中的"谱"字是需要时间和规模积累的。那些突然宣称自己可以做工业软件的组织，若不是迷之自信，就是想欺负中国懂行的专家不多，误导主管部门的决策。

表1-1给出了各类工业软件的技术要素构成，表1-2给出了不同类型组织拥有的工业软件要素及其需要这些要素的程度。这些要素来源的判定就是根据这些工业软件研发组织是否具有一定基础、历史积淀和动机。

表1-1　各类工业软件的技术要素构成

大类	小类	典型软件	软件架构	易用性	图形技术	算法原理	集成能力	工业标准	工业知识	工业数据
工具类	图形图像类	CAD、CAM软件		35%	40%	25%				
	科学计算类	CAE、EDA、优化、MBSE软件		15%	10%	50%				25%
平台类	业务过程类	多学科集成、MES等软件	20%				50%	10%	20%	
	资源规划类（ERP阵营）	财务、成本、HR、知识等管理软件	25%					45%	30%	
	业务管理类（PLM阵营）	数据、需求、质量、项目等管理软件	25%					30%	45%	
新型类	人工智能类	工业大数据机器视觉软件				25%		10%	10%	55%
	工业互联类	IoT、云计算软件	50%				30%	20%		

表1-2　不同类型组织拥有的工业软件要素及其需要这些要素的程度

组织类型	软件架构	易用性	图形技术	算法原理	集成能力	工业标准	工业知识	工业数据
工业企业						20%	50%	60%
科研院所	20%	20%	30%	30%	20%		20%	20%
工业软件公司	80%	80%	70%	70%	80%		30%	20%
三方机构						80%		

通过表1-1和表1-2中各项要素及其提供者能力的分析，显然，只有长期坚持在工业软件领域的公司才是肩负中国工业软件破冰使命的主体。虽

然确实需要其他类型的组织，如工业企业、科研院所，以及第三方机构来加持，但每类机构都有其固有使命、业务特长和技术积累。它们对工业软件发展都有独特的价值，但不代表任何一个和工业相关的组织就真能在工业软件风口下起飞，然后还能平稳落地。因此，我们强烈不建议各组织随意和盲目跟风，禁不住诱惑，去发展与自己战略和使命不一致的业务，这样做不仅不利于中国工业软件产业的良性发展，而且会把自己的发展带入不良境遇。

求索自主之道

第二章

工业软件堪称软件界的"大师兄",是软件产业最早出现的品种。但曾几何时,中国工业软件更像是花果山的"美猴王",纵有七十二变,仍不免被压在五行山下。

今天,中国工业软件进入最好的时代。天时、地利、人和,各路英雄在中国工业软件疆界悉数聚齐,竞相开启这场漫漫取经之路。江湖百变,群雄逐鹿,谁能问鼎?五面魔镜,一照便知。

第一面魔镜:技术积累。仅掌握了算法和代码就贸然出发的人,都已死在半山腰。

第二面魔镜:刚需识别。盲目对标国际大牌的人,都是不用脑子思考的懒人。

第三面魔镜:工程验证。只会等待试验验证和用户反馈的人,基本要冻毙于风雪。

第四面魔镜:舶来品替换。面对舶来品,单凭功能、性能与价格,你能打动用户的芳心吗?

第五面魔镜:商业通路。没有成功的商业路线,就没有成功的技术路线。

"风口"之下,群雄逐鹿,蓦然回首,工业软件竟是时间的孩子。这五面魔镜,无一不是靠时间打磨而成的。岁月造就的分量,才是无法跨越的壁垒。历史的车轮,才能碾过征途上的大起大落。

风雪漫道冬与夜,天路尽头看霞光!今天,中国工业软件不仅破开了冰面,而且融出一汪水域。随着发动机的轰鸣,这支特别的船队启航……

第1节　工业软件是时间的孩子

中国工业软件自主研发之路一直崎岖不平，工业软件自主化仍然是最难攻克的堡垒，几十年来我们数次进攻，但成效不佳，无法一蹴而就，需要做好打持久战的准备。如今，一个好的时代到来了，宏观环境非常有利于中国自主工业软件发展，持续发展的通道已经形成。战略上，我们可以藐视敌人，但战术上，我们务必兢兢业业，精心做好每项工作。

国际产业的发展历程证明，工业软件研发是一项高投入、见效慢的产业。某国际工业软件"大鳄"每年的研发经费是三亿美元！全球工业软件百花齐放，中国工业软件常规发展之路已荆棘漫布，如果不能很好地利用国情、后发优势和中国市场特点，而是完全复制国外工业软件的发展路径，那么成功的可能性将会很低。

谋求突破，必须知道问题和障碍是什么。问题是靶子，策略是子弹。找准了障碍，才会有跨越方案。很多人还没找到问题和障碍，但已经有了策略和方案，这就像先打了一枪，然后把枪眼画成靶心，于是在错误的道路上越走越远。

在笔者看来，中国自主工业软件的障碍在5个方面：①工业软件技术的研究和积累；②用户"刚需"的准确识别；③切实可行的工程化验证；④舶来品的替换；⑤商业通路及规模化推广。针对这五大障碍，提出跨越障碍的策略，便可获得中国自主工业软件的成功路线。本节就5项障碍、误区和对应的策略做简单解释，后续的文章将详细展开讨论。

1. 工业软件技术研究和积累

工业软件研发需要深厚的技术积累，这是不言而喻的事。现在中国的工

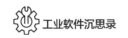

业软件公司的普遍现象是，它们仅掌握了算法或代码，就贸然开始了工业软件的研发。

工业软件技术体系和产业体系庞大而复杂，需要从技术视角和产业视角对其全面和深度扫描，进行系统性和高覆盖度的积累。否则，那些工业软件公司即使不死在研发的半山腰，也会迷失于深山之中。

2. 准确识别中国用户的刚需

盲目对标国际工业软件"大鳄"的人，都是不动脑子思考的懒人。现在中国工业软件公司和用户的普遍现象是：工业软件公司的产品研发盲目对标国际工业软件，用户盲目采购国际工业软件。

国际工业软件虽然先进，但我们并不需要开发国际最高水平的工业软件，而是应该瞄准用户的刚需，好钢用在刀刃上。但如何准确获得用户的刚需，却是一道难题。

我们过去在销售国外工业软件的过程中，形成了规模化的工程应用人员，他们在为用户提供现场服务时，对用户的行为进行观察，从而获得用户的真实刚需，这是一项有效的策略。

3. 切实可行的工程化验证

工业软件与其他软件最大的不同是需要大量的工程化验证，这是它走向用户的最后一千米。但传统的工程验证方法既耗时又耗资，中国用户等不起，中国公司花不起。

通过多年大量工程工业软件咨询实际案例的积累，利用案例来验证新开发的软件，是一条多快好省、切实可行的工程化验证方法。

4. 舶来品的替换

开发首版工业软件并不是最难的，真正困难的是用我们开发的工业软件替换用户正在使用的国外工业软件。即使我们运气爆棚，真的开发出和国际工业软件比肩的工业软件，面对舶来品，单凭功能、性能与价格，真的就能打动用户的芳心吗？

中国企业的工业软件应用效益不高，其实是留给我们的机会。

5. 商业通路及规模化推广

无论开发多好的产品，只有能卖给用户才能回笼资金，继续开发新的功能和版本。中国市场是一个成熟的 B2B 市场，中国工业软件的客户关系早已被稳稳固化，一家新公司想从中取一瓢饮非常困难。

在销售国外先进工业软件的过程中，我们建立了大量的客户群和稳固的客户关系，这是我们走通商业路线、进行规模化推广的基础。

6. 中国工业软件是时间的孩子

注意观察你会发现，以上五项策略有一个共同特征——时间，其要素需要通过时间积累而成，无法通过大量资金和人海战术在短时间内获得。因此，五项策略总结为一个策略就是：充分利用好时间（历史）积淀的优势。

战略，就是时间换空间的艺术。中国工业软件则需要用过去的时间换未来的空间。

第2节 技术积累需要大视野

工业软件技术系统研究和积累是中国工业软件自主研发道路上解决 5 项障碍的第一步。工业软件经过 60 多年的发展，已经形成一套稳定的国际格局，无论在技术上还是在商业上都已经形成完整版图。工业软件技术体系和产业体系庞大而复杂，需要从产业视角和技术视角对其进行全面且深度的扫描，才能实现系统性和高覆盖度的积累。

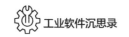

1. 技术的系统性积累

工业软件世界的技术谱非常复杂。笔者的另一本书《苦旅寻真：求索中国仿真解困之道》中给出了一个仿真软件技术清单，该清单只做了一级展开，已经有数百项条目，二级展开将达到数千项，三级展开则有上万项。

有些公司在工业软件技术范畴做了很多工作，但因过于零散而没有得到有效的技术积累。也有很多公司通过做一些比较简单的算法和代码之后，便认为万事俱备或时机已到，于是贸然出发，结果夭折在半山腰。工业软件研发所需要的技术研究和积累，一定是系统性的。完整系统的研究包括两项研究：产业研究和技术研究。

研究产业，需要画出一张产业地图，需要明白3件事。①产业珠穆朗玛峰有多高？工业软件产业是一组峰群，而不仅仅是一个山头。②登顶产业珠穆朗玛峰有哪些路线？路上有哪些陷阱？③你在何处？能否找到最适合的路？

技术研究，需要画出一张技术地图，需要绘制3张表。①全球重要的工业软件公司（大约500家）。②全球重要的工业软件（大约2000个）。③针对全球重要工业软件的功能和技术，悉数清查这些软件的功能和底层技术。

根据两张地图和3张表，可以判断中国自主工业软件研发公司在世界工业软件版图中所处的位置。

经过20多年在工业软件产业中的摸爬滚打及在实际工程中的深入应用，笔者所在团队的最大特征是对全球工业软件市场及企业十分了解，对各类工业软件熟悉，特别是对其工作原理和底层技术有深入理解。

2. 从技术到产品的积累

谈到技术积累，人们的脑海中出现的往往是算法、引擎等底层技术的积累。其实，工业软件技术最终是以商品的形象面对用户的，因此工业软件的成功往往是产品化和商品化的成功。它与个人软件、科研软件和专用软件有巨大的区别。从工业软件算法到商品，需要经过程序、求解器、软件、标准软件、产品和商品等进化过程，其中的每个过程，都存在巨大的爬升梯度。

中国工业软件开发主体到底应该是谁？有人说科研院所拥有大量的程序和算法，它们应该是开发工业软件的主体；有人说企业研究所拥有大量的工程知识、工程场景，它们应该是开发软件的主体。

学校或个人拥有算法很正常，它能变成程序，可以在工业软件中作为求解器出现，但是正如前文所讲，从求解器到商业化软件，还有漫漫长路遥且阻。工业软件企业同样如此，其做出的具有特定功能的工业软件在企业范围内使用尚可，但是距离产品和商品还很遥远。

所以，技术积累并不意味着只积累工业软件本身的核心技术，其更多的是积累工业软件走向产品化和商业化需要的技术。

3. 放眼国际，高点起跳

技术积累也不意味着所有技术必须从自己的指尖下开发而来。我们在开发出通用工业软件前，已做了大量定制化开发的工作，与工业软件相关的开发项目达上千个，形成了大量定制化的工业软件，时至今日，确实得到了大量技术积累。但完全依靠这些从零起点刀耕火种得来的技术，成功自主研发工业软件的可能性为零，资本的耐心也为零。即使我们研发的工业软件有可能在短时间内达到相对较高的水平，但在软件这样一个边际成本为零的行业，行业领先者可以让你的努力成果在一夜之间归零。谷歌公司人工智能（AI）技术的开源让全球从事 AI 开发的公司一夜之间失去了发展方向和动力。

因此，技术积累还需要全球视野，高点起跳是必由之路。用资本的力量去整合全球技术，可以获取世界第一梯队的技术。很多收购案例表明，收购一款工业软件所需的资本并不比从零开发需要的经费多，甚至更少。所以，

如果做好选择，收购其实是很划算的买卖。

中国市场之大，让全球各行业的技术供应商垂涎欲滴已久。2003年微软公司同意向中国政府开放源代码，2013年IBM公司同意中国政府审查源代码，这都是出于他们预期中国市场的未来有较好的发展。源代码是软件公司的命根子，但在市场利益面前，软件公司可以不要命。因此，我们完全可以利用中国市场之大，选择一家技术领先、成熟但在中国的市场排名并不靠前的公司，与之进行谈判，谈判目标就是使其源代码在中国市场可控。一方面要求获得源代码，另一方面需要得到技术，双方分享市场，共同开发技术。世界先进工业软件的一个重要特征是，它们经过大量的工程实践验证，这一点是其与普通开源软件的根本不同。开源软件从总代码量、功能完备性、功能的先进性等方面看都不弱，但工程验证是一大软肋。因此，在开源软件林立的当今世界，头部中国工业软件公司连一家也没有成长起来，与这一软肋有巨大关系。

在中国市场上淘金的工业软件不下百款。这些在中国市场流行的工业软件看似各有特色，但优势领域各不相同，这些差异并不是由技术而是由市场造成的。在激烈的竞争之下，某项技术只好找一个细分市场立足。既然是市场原因而非技术原因，那么从技术上讲，从任何一款具有一定工程实践验证且相对通用的软件源代码出发，都有可能发展出来一个强大、通用的工业软件体系。

我们调研发现，全球有不下千款工业软件。只要工业领域百花齐放，工业软件就百家争鸣。制造业花红柳绿，工业软件就姹紫嫣红。全球工业市场无疑是个营养丰富且广阔的土壤，可以为任何一个立志于做大做强的工业软件公司源源不断地输送技术养分。当它们拥有一个市场认可和开放性较好的工业软件技术框架后，接下来可以并购更多国外中小求解器和前后处理类软件，甚至在中国的土壤里也生长着这种小型和专业的工业软件，这些也是合作和并购的理想对象。

4. 关于自主可控的争论

说到全球视野，曾经有位记者在采访我时问道："如何评价自主工业软件，什么叫作自主可控工业软件？收购的国际软件、仿制别人的软件、开源软件是否不属于自主工业软件？"

什么叫自主，什么叫可控？在中国工业发展过程中有四个重要的词汇，第一个是引进，第二个是消化，第三个是吸收，第四个是再创新。大多数工业技术从起步到成熟，通常会经历这4个过程。高铁和5G通信都是中国自主创新的典范，但它们也走过了这条路。其实，多数行业会经历逆向工程过程，即先向别人学习，再经历消化、吸收、再创新3个过程，最后走向正向设计。对于软件行业，无论是向别人学习，还是学习开源代码，抑或整合收购相关公司，只要具有对产品进行再创新和再发展的能力，能可持续发展，即可判定为自主可控。

第3节　工业软件将死于盲目对标

人们谈起中国自主工业软件，第一反应是难！工业软件大鳄们建立的技术珠穆朗玛峰实在是太高了，而且它们每年的研发投入是如此之多（国际排名第一的工业软件公司的公开数据是研发投入每年3亿美元）。按照我们的起点和投入，何年何月才能登顶？纵有豪情万丈，仅凭家国情怀肯定是有去无回。

但是，多数人一直忽略了一个最本质的问题：我们真的需要做出大鳄们那样厉害的工业软件吗？我们经常讲对标，到底应该对什么标？现在每天讲突破"断供"困局，讲国产替代，于是，就想当然地对标国际先进工业软件。

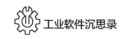

中国企业喜欢"对标"，不是一般喜欢，而是特别喜欢！每做一件事，一定要先找一个"标杆"，然后找差距、定目标、定计划，最后大干快上！工业软件界也是如此。

笔者并不反对"对标"，问题是你应该对什么标？想对标别人现在的先进工业软件，那你需要先问问，你有没有他们的基础、环境和条件？笔者也倡导对标，但笔者主张：先掂量自己，去对标人家当初和你相似条件下的样子，而不是你的基础、环境和条件不可企及人家的今天。

这些年，我们天天在用户现场观察，发现用户使用国际先进工业软件的功能非常有限。初期我们认为原因是用户水平太低，也有人说是软件不好用，但最后我们发现，是中国工业水平所限。中国航天行业是中国最具正向设计特征的行业，是完全自主发展起来的，所以与国际同行具有可比性。人类60年前登上了月球，而我们仍在追赶，这差不多就能丈量出彼此工业和科技水平的整体差距。

先进的国际工业软件是根据产出国的工业领域的需求来开发的。一个国家的工业软件水平是与这个国家的工业和科技水平相匹配的，印度就是个例证。印度是软件产业发达的国家，产业收入高、人才多，但并没有出现全球知名和强大的工业软件，这是因为其工业水平不高，而不是软件能力不够。美国工业软件之所以强大，不是因为美国工业软件人聪明勤奋，而是中国的部分工业水平相对没那么高，所以对工业软件的需求必然不高。换句话说，我们每年花了很多钱买高水平国外工业软件，而大部分功能在购买后闲置，这无疑是浪费采购经费。

所以，我们对标的应该是我国工业企业的刚需，而不是对标国际先进工业软件。盲目对标国际工业软件，只会浪费时间和经费，开发出我国用户并不需要的功能，用户真正需要的功能反而做不到位。开发那么强大的工业软件既不可能，也没必要，甚至是一种浪费，至少性价比不高。

研究需求和识别刚需大不相同。乔布斯曾发表过关于需求调查的观点：企业应该引领需求，而不是向用户征集或调研需求。此观点在工业软件界同样适用。

关于用户需求，中国工业软件领域存在两个现象。第一个现象是，用户在采购工业软件时，并没有真正分析自己的刚需，而是对标国际先进工业软件的需求，作为自己的采购需求。乔布斯认为，用户会明确告诉你"他需要一驾更快的马车"，那汽车永远不会被发明出来。中国工业软件界的现象正好相反，用户往往说"他需要飞机"，尽管他实际上只需要一驾马车。和客户沟通需求的时候，我们经常发现用户无法清晰和系统地表达刚需。当调研需求时，用户说的功能需求往往就是自身了解的最强大的工业软件所拥有的。用户懒于研究自己的刚需，而是采购国外最先进的工业软件，虽然大部分功能用户用不上，但这是最简单、最省事、最安全的采购方案，最后用户选择的产品往往远远超越真实需求，造成资金浪费。

第二个现象是，开发商似乎也认定，国外企业在开发工业软件时已经了解过用户需求，因此开发商不再做过多研究，直接对标国外软件，即可开发出满足用户需求的软件。最终的结果是，开发商依旧不知道用户真正需要哪些功能，我们称之为盲目对标。

识别刚需，可以让好钢用到刀刃上，把珍贵的经费用于刚需。无论融资与否，中国公司在经费方面对比国外工业软件公司仍然有所欠缺，不应该将有限的经费用于开发暂时不需要的功能。何时开发何种功能，是时机选择问题，企业应该避免被拖入开发陷阱，甚至影响自身的生死存亡。

今日之对标国际先进工业软件，恰如昔日之弯道超车。先驱领先于真实需求（刚需）一到两步，"先烈"则领先太多。如果对标国外先进软件，则只有那些"先烈"才能及格或达标。难道我们要鼓励大家这样做吗？

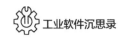

当我们悟到这个道理时，才发现，我们只需要做出国际先进工业软件40%的功能即可满足中国刚需。甚至对于应用需求不深的大企业或者尚未采纳工业软件技术的中小企业，这些功能已经绰绰有余。从这个角度讲，我们过去所积累的技术积淀已经足以开发需要的软件。所以，笔者经常说我们做自主工业软件的自信是有科学依据的，并不是完全依靠情怀和豪情。在国际工业软件的珠穆朗玛峰面前，我们仍然觉得可以一战的原因就在于此。

但也不要过于乐观，明白刚需到底是什么，可不是吹口气就能得来的。到底是这40%还是那40%，需要在用户现场摸爬滚打，实地考察。这也正是笔者所在团队的专家们的优势所在。这么多年，看似我们是在使用国外软件，但积累的却是对国内用户的真实需求信息。

笔者团队有幸每天可以在用户现场观察并记录用户日常在用的国际工业软件的功能到底有哪些，这些功能便是天然的用户"刚需"。这时你会发现，不管用户嘴上说得多么"高大上"，但行为很诚实，他们只用那些他们真正会用且有用的功能。问题就在于，不进行长时间的实地观察，你就永远不知道他们的刚需到底是什么。

第4节　工业软件难在工程化验证

与其他软件最大的不同是，工业软件需要大量的工程化验证。写几万行代码开发出来一套工业软件其实并不难，难的是这套软件是不是经得住实际工程的考验。软件的评测，内行看门道，外行看热闹。外行喜欢看的往往是软件功能，内行则会钻到深处看性能，底层的算法和引擎决定了软件有多硬核，而它们需要长时间大量的工程化验证方堪大用。

过去，企业一般有两种方法进行工程化验证，一是用试验方法，二是用户现场工程应用。无论哪种方法都需要花费大量时间和资金。在现阶段，这两个途径在中国工业软件公司都不具有可行性。首先，国内工业软件公司没有充足的经费进行试验验证。其次，即使资金花得起，时间也等不起，工业软件公司现在没有时间等待用户的使用反馈。最后，新软件的用户基数小，反馈数量少，不足以支持工程化验证。一家初创的工业软件公司或新开发的工业软件，在工程化验证方面往往是大弱项。因此，只会等待试验验证和工程应用反馈的人，大多冻毙于风雪，走到终点的可能性基本上为零。于是，我们提出了另外一套切实可行的国内验证方法——用过去的案例验证今天的产品。

我们积累了各个行业大量的工程案例，形成了拥有上万案例的工程案例库，如图 2-1 所示。案例库的数据经由国外工业软件应用实践而来，并通过用户试验及工程结果进行过验证，结果确认可靠。现在，每当开发出新的功能或模块，就把过去的案例调出，对相同的问题用同样的模型，在新功能或模块中重新运算一次，将结果与案例库结果进行比对。结果偏差不大则认为新的功能或模块可行，结果偏差较大，则继续优化。利用这个案例库进行工程验证，节约了大量的时间和经费，相当于用过去的时间置换未来的时间，用过去曾经投入的资源和经费置换未来投入的资源和经费。

图 2-1 工程验证的基础：上万例的工业软件实践案例

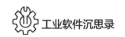

通常，离散的工业品或场景不足以验证工业软件的完整功能。所以，工程化验证需要考虑场景覆盖度，通常需要用系列化的工业品及其子系统进行完整验证，称为系统性验证。我们的工程案例库中，除了案例数量多外，还依据这些案例整理了系列化工业品和子系统的工业软件经验、标准和解决方案，总数达到上百个系列，可以解决验证场景的覆盖度问题。

第5节　工业软件的舶来品替换

不能替换舶来品，就别谈自主工业软件！虽然用户刚需和工程化验证是两项难题，但开发一款符合用户需求的软件的难度还不是最高的，毕竟这些事情都掌握在我们自己手中的，是可控的，真正难的是，即使我们开发出一款比肩国际先进工业软件的国产工业软件，用户又凭什么要用你的工业软件替换已经运行在他那里的国外工业软件？有人说，我价格可以便宜，性价比更高。其实，即使你的工业软件功能和性能可以比肩国际先进工业软件，如果对方决心与你一战的话，你的价格也未必能占得了优势。毕竟，软件的边际成本为零，对方想短时间内降价根本没有压力。

那还能替换吗？答案是能，虽然有难度，但仍然存在机会。中国用户的工业软件困局是国际大鳄们留给我们的最后机会。中国用户的工业软件效益普遍不高，中国政府在为企业购买国外工业软件上花费了大量的钱，但并没有换回期望的能力，企业没有把工业软件技术变成生产力。

对比国际先进企业和国内同类企业时，我们发现，工业软件在国内企业的开发深度和使用效果远未达到预期。其实，国内企业和国际先进企业的工业软件条件差别并不大，但工业软件的命运却有天壤之别。到底是为什么？这其实是企业关于工业软件的一系列误区造成的。这些误区导致中国企业每年花费大量经费采购的工业软件没有转化为真正的设计手段。但企业也不知道为什么会这样，也不知道怎么才能提升工业软件应用效益。

这个曾经令人痛心疾首的问题，现在却很有意思地演变成了我们的机会！谁能改变这个现状，谁将拥有中国工业软件的下一代机会。买工业软件不是买软件硬件，而是希望买到研制能力。只要能帮助用户提升生产力，它并不会在乎用的是什么工业软件。中国自主工业软件若想成功，只能瞄准这一诉求：赋能企业工业软件。通过解决中国企业工业软件应用实效不高的问题，逐步实现自主工业软件的替换，如图2-2所示。

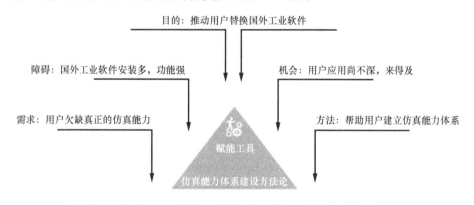

图2-2　通过赋能企业实现自主工业软件替换

凭什么赋能企业？我们的法宝就是企业工业软件仿真能力体系建设方法论，如图2-3所示。该方法论是一套帮助企业建立仿真能力的体系，所以也可称为"仿真赋能体系"。

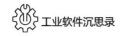
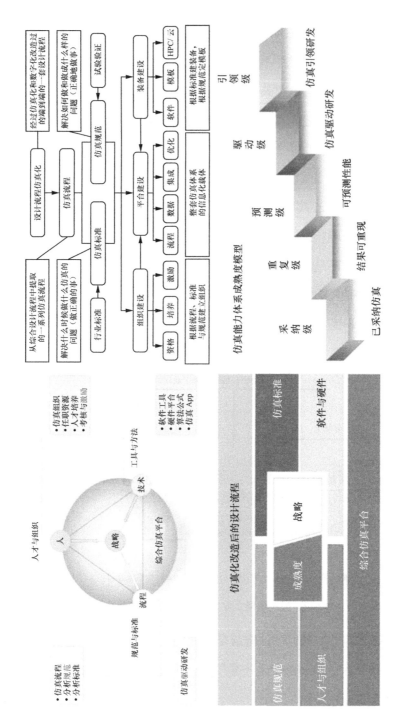

图 2-3　企业工业软件仿真能力体系建设方法论

我们把这套策略称为"赋能开道"。赋能开道策略的核心思想是：将用户以前的工业软件采购经费的一部分转变为能力建设经费，这项经费用于企业的工业软件能力体系建设。我们利用工业软件仿真能力体系建设方法论，孵化一批中国咨询服务公司，持之以恒地帮助企业建立工业软件能力体系。中国的工业软件公司的发展目标不是销售国外的工业软件，而是发展咨询服务能力，可以帮助企业进行工业软件体系建设。

能买得起工业软件的中国企业多数是央企，即使不是央企也是大型国企。这些企业的采购经费是通过特定项目进行申报和审批的，采购从未间断。申报和审批的模式和内容大同小异，采购主要以类似软硬件的硬能力为主，对咨询服务类的软能力很少关注。经费用于采购软硬件没问题，但采购咨询服务的申请很难得到支持，即使支持也是蜻蜓点水，杯水车薪。截至目前，由于还没有一款过硬的中国工业软件出现，所以每年的采购经费都通过购买国外工业软件流向国外，但效果没达到预期。国内工业软件公司的软能力建设一直没有起来，硬能力当然就不可能发挥作用，只有软能力才能让我们找到提升企业工业软件效益的通道。

当然，该方法的实施需要用户决策体系实施一项变革，那就是允许"赋能咨询"类的服务纳入采购清单。央企的采购流程中，有一个重要的文件——设备清单。过去，在这个清单中，你很难看到类似"咨询服务"的条目。如果没有经费来源，或者没有采购依据，企业很难获得这项咨询服务，毕竟企业工业软件能力体系建设的咨询需要资深咨询师长时间参与，价格自然不会很低。

显然，这需要国家政策、项目指南和经费批复模式的引导。所以，我们提给相关主管机构的具体建议如下。

（1）在项目指南和经费批复方面向软能力建设倾斜，允许每年投资的软

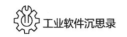

件采购经费的一部分转变为企业应用能力建设经费。

（2）在国内选择几家有较强工业软件体系建设和咨询服务能力的公司，由他们牵头建立中国工业软件服务生态，组织孵化国内大量的工业软件技术公司。

（3）支持这些被孵化公司利用工业软件体系建设方法论和自主工业软件，解决中国企业工业软件应用实效不高的问题，同时实现用户向自主工业软件过渡。

（4）在软件采购上，国家应该引导企业做好真实需求分析，明确那些真正用得上的功能，不要拿那些用不上的奢侈功能来充面子、壮胆子。工业软件基础模块够用，就不要浪费资金购买奢侈品般的国外工业软件，把钱省下来建立真正工业软件公司的软实力。

总结来讲，过去，我们采购国外所谓的先进工业软件，其实其大部分功能超越了企业需求的功能，而采购价格并不会因此降低（中国工业软件公司的采购价格甚至更高）。现在使用国产自主工业软件，功能刚好满足刚需，但价格不用那么高。而且，在工业软件能力体系的建立中，软件工具确实不是最重要的，只要其能满足应用"刚需"即可。如果把多出来的经费用在"赋能咨询"这类服务上，工业软件将产生巨大的能力提升，同时实现对舶来品的替换，这岂不是很好的举措？

中国工业软件，断供将是新常态，替换舶来品，一切都还来得及！

第6节　自主工业软件的商业悖论

前文多次提到，没有成功的商业路线，就没有成功的技术路线。任何一个产业的 DNA 由两条链构成：技术链和商业链，两者缺一不可。

在当前的技术和市场格局之下，工业软件自主研发的成功更多的不是技术问题，而是商用能否成功的问题。工业软件涉及的理论、方法和技术已经相对稳定。当前中国的自主工业软件之路没有遇到必须突破的技术难题。按照常规发展路线，发扬工匠精神，从零起步，持之以恒，假以时日，中国工业软件达到市场当前需求的技术能力并没有问题。但在市场经济时代，基本没有企业和资本有耐心让你假以时日。

无论开发多好的产品，只有能卖给用户，企业才能回笼资金，继续开发新的版本和功能。很多人认为，只要开发出好软件，何愁卖不出去，但这是个商业悖论。工业软件需要与用户一起打磨才能迭代成为好软件，卖不出去，何谈打磨与迭代？到底是先开发出好软件还是先卖出去，这似乎是那个"先有鸡还是先有蛋"的千古迷思。其实，无论是鸡还是蛋，都不是天地洪荒时就有的，而是慢慢进化出来的，就像商业路线和技术路线一样，是一步步迭代出来的。所以，先有鸡还是先有蛋，本身就是个错误的问题。这项迷思带给我们的道理是：没有过硬的技术路线是不行的，没有商业路线也是不行的。

工业软件市场是典型的 B2B 市场。国外工业软件盘踞中国 40 年，经过长期的关系型营销，客户关系早已被固化，那些看似潜在的客户，其实早已被瓜分殆尽。因此，全新的进入者在触达客户方面往往会遇到难以逾越的障碍。

幸运的是，在这些年的群雄逐鹿中我们没有缺席和掉队，也建立了具有较大规模的优质工业软件客户基础。尽管如此，我们还是战战兢兢、如履薄冰，更需要认真分析新时代的中国工业软件市场特点。

工业软件商业化的成功不仅在于营销的成功，而在于企业对中国工业领域的深刻理解。谁能为工业企业打造适用的解决方案，谁才是真正获得用户信任的企业。不同的赛道应该设计不同的市场开发策略，中国自主工业软件的商业策略如图2-4所示，如涉军禁民赛道中的攻关工程、重器民品中的备胎工程等。每项工程的用户特征画像、核心诉求（刚需）、商务决策链、技术决策链、技术解决方案及交付实施方案都完全不同，需要专业化打造。

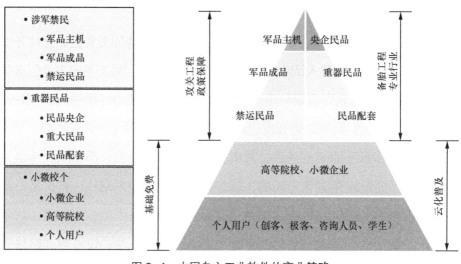

图2-4　中国自主工业软件的商业策略

另外，中国工业软件产业的开发过程中，打造广泛的用户基础是一项不可或缺的策略。中国乒乓球雄霸全球40年，凭的不仅仅是几位优秀运动员，而是深厚的群众基础。令外国人抓狂的是，随便一个中国人，似乎都是乒乓球高手。国际工业软件大鳄在中国的成功秘诀是：早在20年前它就成功占领了高校阵地。这让后来的竞争者感到绝望，这就是产业基础的威力。

所以，产业基础的打造，是商业成功的重要步骤。但时移世易，模仿成功者成功的道路已不可能。现在流行"重走长征路"，但走大鳄们成功的商业老路，等待你的也许就是其血盆大口。那么今天，留给我们的产业基础培养之路是什么呢？"基础免费，云化普及"是笔者认为与时俱进的道路，下一节展开讲这个策略。

第7节　工业软件的免费经济学

免费经济学是中国互联网产业的成功经验：羊毛出在猪身上，狗来买单！还有一个现象是"消灭你，与你无关"。这两句话背后的原理是：你曾经用以挣钱的产品，在别人那里免费了。中国互联网产业的发展虽然起步较晚，但近 10 年来走在世界前列，成为世界互联网的标杆，其成功之路对中国其他产业必然有可借鉴之处。

在工业软件产业未必不能采用互联网产业成功的策略，虽然二者之间在技术和市场上确实差异巨大。笔者认为，免费经济学在中国工业软件产业也有巨大的发展前景。其具体做法是，打造工业软件云平台，免费提供工业软件的基础版本。当然免费不是目的，是吸引用户的手段，让尽量多的用户使用，获得用户流量，让生态运转起来，然后利用流量设法变现，本质上，就是从中挖掘具有高级需求的用户，为其有偿提供增值服务和高级模块，它们会需要并支付得起这样的增值服务。随着用户增多、流量扩大，增值服务也能够获得价值回报，然后也可以用于补贴免费的产品和服务。

此模式的关键是，你能不能基于免费产品获得客户群，设计出新的盈利模式，或者说，你是不是能解决用户更深的痛点来提供增值服务。如果能，那剩下的工作就是如何获得足够数量的用户。

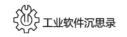

1. 基础免费

中国企业已被各种工业软件洗礼，其中不乏市场占有率高、应用体验较好的工业软件。面对这种接近成熟的红海市场，一款认知度不高的新工业软件在此发声无疑困难重重，如果想有所作为必须出其不意。

国产工业软件从弱小起步，非常需要实施一些特别举措获得市场的认可，用较低的用户进入门槛来与国际大牌抗衡。笔者建议采用的方案是：基础模块免费，高级模块或专业模块收费。以仿真软件为例，这些基础模块的功能包括：结构领域的线性静力学分析、基础动力学分析；流体领域的气体动力学（可压）分析、液体动力学（不可压）分析等；电磁领域的静态电场分析、静态磁场分析、基础高频电磁场分析等。

利用免费的基础软件获得用户群，他们被培养出使用习惯后，对于深层应用需求，软件有偿提供高级或专业模块便水到渠成。这是通过基础模块获取大量客户之后而设计的一项增值服务。仍然以仿真软件为例，这些高级模块或专业模块包括：结构领域的非线性动力学分析；流体领域的散热分析、化学反应分析、水力学分析；电磁领域的动态电磁场分析、ESC/EMC 分析等；参数、拓扑、多目标、多学科等优化功能；多学科、多物理场耦合功能；高性能并行计算功能。工业软件能力体系建设过程开发的综合工业软件平台则是一个更为综合的系统，包括工业软件流程管理、工业软件数据管理、多学科集成和优化、工业软件组件开发、工业软件集群管理等功能。

2. 云化普及

如果说前文提出的"基础免费"策略是保证我们自主工业软件商业化成功的第一步，那"云化普及"策略就是我们自主工业软件商业化成功的第二步。中国工业软件需要的产业基础，便要依靠这个策略来打造。

在云时代，工业软件具有不同以往的特征，我们称其为"技术服务化，服务开放化"。工业软件云，可以显著降低中小企业和高校采用工业软件技术的门槛，另辟蹊径，占据用户群，依靠海量的中小企业和高校用户来形成产业基础。

通过"基础免费"策略，国产工业软件通过工业软件体系建设咨询服务的方式可以解决大企业的国产工业软件替代问题，同时可以解决工业软件能力的提升问题。对于数量众多的中小企业，软件可以免费，但服务存在难点，国家无法这么大面积地进行服务补贴，公司也无法服务这么多客户。所以需要考虑新的商业模式，既要使中小企业客户无成本获得软件，又要有公司愿意以较低的收费为他们提供服务。

软件免费的前提是必须有其他收益来交换，所以工业软件公司单纯地提供软件免费下载的傻模式是没有前途的。在工业互联网逐步普及的今天，软件的应用完全可以通过互联网来实现，软件可以部署在工业软件云上，特别是基础软件，在云上使用没有障碍。通过工业软件云，用户可以用很少的费用甚至免费来订阅这些软件。而提供这些软件的云平台则利用免费的方式汇聚起流量（用户群）来设计新的盈利模式，发展其他的增值业务，这是软件免费的前提，流量才是这个模式得以持续的原因。

我们希望通过工业软件生态来解决海量中小企业的服务问题。通过工业软件云平台将工业软件技术低成本地普及到成千上万的中小企业，通过海量的用户群吸引社会化服务资源为中小企业提供高性价比的服务。在工业软件公有生态上可能会产生各种新的小微业态，这些生态都有潜力带来

非软件销售收入，如简单直接的广告业务、在云上开设服务网店来进行技术服务交易、开发 App 供人有偿订阅等。这些模式的具体细节，将在第四章中展开说明。

第8节　工业软件应避免各自为战

中国自主工业软件产业的一个显著特点是"小而散"。相比国际大鳄，产业中的每家公司都较为弱小。如果国际大鳄是艘军舰，那中国自主工业软件就是一群"小帆板"。如果各自为战，一群小帆板也不可能战胜一艘军舰。中国工业软件公司发展的模式，绝对不是小帆板们各自慢慢长成军舰的模式，而是要凝聚力量，把小而散的帆板聚合起来联合作战。

为此，我们另提出了一个共同工作框架。这个框架有两种模式：一种模式基于云托盘，另一种模式基于云原生。

基于云托盘的合作开发模式，是整合业界现成的、独立的工业软件技术或软件。在云托盘上开发一个集成架构，该架构是插件式的"活架构"。外部软件或技术通过开发针对性接口，形成架构需要的插件，可将其直接插入基础架构中，变成本体系的一部分。图 2-5 给出了基于云托盘的仿真软件集成模式实例。

在云托盘的集成架构之上，大家各自开发自己擅长的部分，如前后处理、基础求解及高级求解等技术，知识产权归开发者，各技术可以无缝地插入集成框架中，甚至也可以把现成的求解器放在求解器容器里，使其快速变成大型软件的一部分。这种模式即使不能形成融合良好的大型软件，也至少是一种可协同作战的舰队模式。

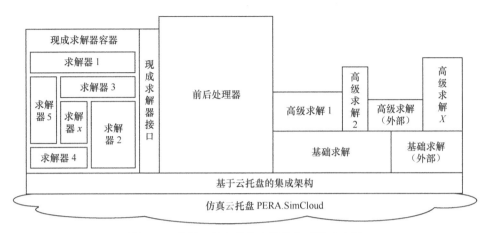

图 2-5　基于云托盘的仿真软件集成模式实例

我们更为追求的模式是基于原生云、SaaS 化思维方式的合作开发模式。该模式能够让小帆板们更紧密地整合成一艘航母。其合作架构分为三层，图 2-6 中给出了基于云原生的仿真软件联合开发模式实例。

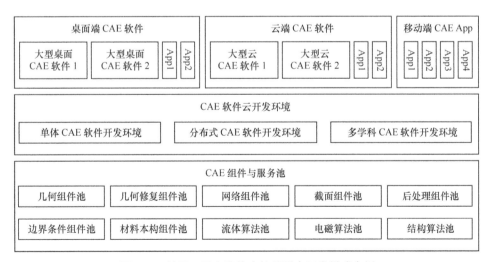

图 2-6　基于云原生的仿真软件联合开发模式实例

第一层，CAE 软件组件与服务池。服务池相当于 PaaS 层，其中是服务

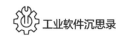

化的 CAE 软件组件。这些组件的来源不是一家公司，中国的研发单位都可以有偿提供组件和服务。如果有人调用一项组件，该组件的提供者就会产生收入。

第二层，CAE 软件云开发环境。基于该环境可以开发单体的工业软件或分布式云工业软件，也可以开发多学科联合工业软件。开发环境通常由实力比较强的研发单位有偿提供。基于开发环境和 PaaS 层的组件池与服务池，就可以开发 SaaS 软件或桌面端软件。

第三层，CAE 软件的社会化开发。全社会都可以用这样一个开发平台来开发桌面端 CAE 软件、云端 CAE 软件，甚至是移动端 CAE App。桌面端和云端都可以做成大型的工业软件及小型 App。目前，桌面端软件更容易做得更大型一点。我们相信随着云技术的发展，未来在云端也可开发大型工业软件。

这种模式是一种聚众智、集众力的合作开发模式，相当于把所有的技术，采用零部件装配机制把它们整合成一艘军舰，这样，与国际大鳄们抗衡，就多一些成功的胜算。

第9节　工业软件的分类与图谱

任何事物，如果分类方式模糊不清，就如同前言不搭后语的文章，作者还没来得及表达自己的观点，就先被自己混乱的逻辑打败。这种事情在中国的工业软件界经常发生。

但关于工业软件的分类，在业界能听到各种争论，莫衷一是。听到最后，笔者认为是关公战秦琼。正如尼采所说："世上没有真理，只有视角。"理论上讲，工业软件有无限多种分类方法，并无一定规则。具体如何来分，应该依据你所研究课题的视角和目的来确定。

传统上有一种约定俗成的分法，将工业软件分为研发设计、生产制造、运营维护和经营管理 4 类。笔者曾在研究工业软件与数字化转型的关系时，经常将其分为业务执行、业务管理和业务资源 3 类；在进行中国工业软件竞争力研究时，又将其分为科技类、工程类和管理类等。工业软件的分类方法和由此形成的产品图谱介绍如下。

1. 基于应用视角的工业软件分类

这种分类方法是就是前文所言的约定俗成的分类方法，分为研发设计、生产制造、运营维护、经营管理 4 类，如表 2-1 所示，显然涵盖业务（研发、生产和运营）和管理两个维度。

表 2-1　工业软件常见分类

分类	子类
研发设计类	计算机辅助设计（CAD）、计算机辅助工程（CAE）、电子设计自动化（EDA）、产品数据管理（PDM）、产品生命周期管理（PLM）等
生产制造类	计算机辅助工艺规划（CAPP）、计算机辅助制造（CAM）、分布式数字控制（DNC）、集散型控制系统（DCS）、数据采集与监控系统（SCADA）、生产计划排程（APS）、环境管理体系（EMS）、制造执行系统（MES）等
运营维护类	维护 - 维修 - 运行（MRO）管理、故障预测与健康管理（PHM）等
经营管理类	财务管理（PM）、人力资源管理（HRM）、供应链管理（SCM）、客户关系管理（CRM）、企业资源计划（ERP）、企业资产管理（EAM）、资产绩效管理（APM）、项目管理（PM）、质量管理（QM）等

笔者认为这种分类是一种基于应用的视角进行的分类。企业应用工业软件的场景丰富多样，因此这种分类存在瑕疵。例如，研发设计类中的产品数据管理（PDM），这种工业软件过去主要在研发阶段发挥作用，但现在已经跨越生产周期发挥作用，直到后期生产阶段；再如产品生命

周期管理（PLM），这种工业软件早已摆脱研发阶段的束缚，参与到产品有关的生产、制造、运维、报废全周期流程当中。

以上分类中的研发设计、生产制造和运营维护3个阶段属于业务阶段，但只有这3个阶段不会形成完整业务链，如销售和供应当属业务维度，并不包含在3个阶段内，这类工业软件反而被划分在经营管理类中。而经营管理应该涉及业务全流程，销售和供应只是业务的一个阶段。这样，非但业务是不完整的，管理维度也含糊不清。

经营管理类还存在其他分类混乱问题，如人力资源、财务管理等属于内部资源管理，项目管理和质量管理属于外部业务管理，现在混放在一起，无疑增加了应用的复杂性，更遑论需求管理、采购管理、知识管理、成本管理等无处安放。

2. 基于数字化转型视角的分类

数字化转型是利用数字技术对业务进行变革的过程。任何企业的经营都有3个条线：主营业务、业务管理和业务资源。

主营业务是由多段价值环节构成的业务。每个阶段都使用不同的工业软件，一般来说不会重叠。每个阶段还可能使用单项操作需要的工具软件和多项操作集成所需的过程软件。

业务管理是全周期、覆盖全流程的。过去，不同软件进行不同业务的管理，现在逐渐归并成更大的范畴——PLM。因此，PLM狭义上是一种软件，广义上是一种范畴。

业务资源同样是全周期、覆盖全流程的。过去，不同软件进行不同资源的管理，现在逐渐归并成更大的范畴——ERP。同样，ERP狭义上是一种软件，广义上是一种范畴。

最终，基于数字化转型视角，工业软件形成如表2-2所示的分类体系。

表 2-2　工业软件基于数字化转型视角的分类

大类 / 子类		内容	备注
业务执行类	业务操作工具	需求工具软件	需求分析（RA）工具
		研发工具软件	CAD、CAE、EDA、SysM&A（系统建模与分析）等
		制造工具软件	CAM、PLC、APS 等系统
		营销工具软件	卖场运行系统
		供应工具软件	仓储管理系统（WMS）
		运维工具软件	设备维护系统（EMS）
	业务过程系统	需求过程系统	需求工程（RE）系统
		研发过程系统	研发管理、基于模型的系统工程（MBSE）等系统
		制造过程系统	MES、ALS 等系统
		营销过程系统	CRM 系统
		供应过程系统	SCM 系统
		运维过程系统	MRO 系统
业务管理类		数据管理系统	PLM 系统
		需求管理系统	
		质量管理系统	
		项目管理系统	
		市场管理系统	
业务资源类		知识管理系统	集成平台称为企业资源计划（ERP）平台
		设备管理系统	
		采购管理系统	
		人力资源系统	
		成本管理系统	
		财务管理系统	

笔者想起一件事，早些年有个争论：关于 PLM 和 ERP，有人说 ERP 终会收编 PLM，PLM 表示不服，摩拳擦掌说要收编 ERP。还有人出来劝架，说你们别争了，终将是一家人。如今已经看不到曾经为之争得面红耳赤的任何迹象了。现在应该明白原因了吧！PLM 和 ERP 处于相互正交的两个维度，根本不在一个赛道上，既没必要合并，也合并不了。

3. 基于技术属性的视角分类

为方便讨论中国工业软件的当前水平，我们提出一种新视角——根据工业软件所基于的技术、资源（知识）或原理的属性来分类，因为这种属性与我国工业软件的当前发展水平相关。同时，这些属性对工业软件的发展具有明显影响，从该角度也隐约看出了工业软件发展的焦点和突围顺序。

从技术属性这个视角来看，工业软件分为 3 类：科学类、工程类和管理类，如图 2-7 所示。

（1）科学类工业软件。此类软件是基于自然科学的固有规律而开发的软件，如 CAD、CAE、CAM、EDA 等软件。

（2）工程类工业软件。此类软件是基于人类在改造现有世界的过程中形成的工程知识而开发的软件，如 PDM、MES、APS、CAPP、工业互联网、工业 App 等软件。

（3）管理类工业软件。此类软件是基于社会科学的固有规律而开发的软件，如项目管理、知识管理、CRM、HR、财务等软件。

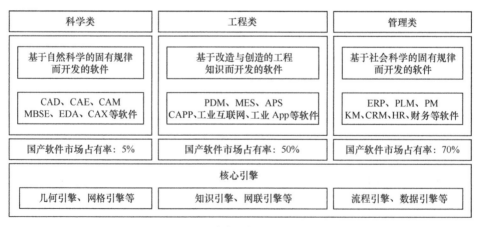

图 2-7　基于技术属性的工业软件分类

总体来说，中国的科学类工业软件和国际先进工业软件的差距与中国工业在这几类软件所基于的技术、资源（知识）或原理等方面的发展水平相关。

（1）我国科学类工业软件以产品化形态存在于中国市场的份额不到5%，其所需要的技术积累相较于国际先进工业软件薄弱很多。但人们在用户现场确实能看到一种类似的工业软件，其实它们多数是定制开发的项目化软件，这种软件应该归类为工业 App，属于第二种——工程类工业软件。

（2）工程技术具有鲜明的实践特征，中国以"基建狂魔"和"世界工厂"著称，我国的工程类工业软件也与国际工业软件差距不大，其在国内市场的占有率与国际工业软件平分秋色。

（3）我国坚持和完善社会主义基本经济制度，与西方国家经济制度不同。因此，西方经济和管理类工业软件在中国基本水土不服，也就谈不上国际管理类工业软件和中国管理类工业软件谁强谁弱。中国企业的首选是国产管理类工业软件，其占据 70% 的国内市场份额。

除了这 3 类工业软件，还有一种隐藏在水面之下的工业软件——核心引擎。该类软件在用户界面不可见，却巨大地影响着工业软件的表现。软件的可见部分往往用来定义功能和操作性，而核心引擎决定着软件的性能和质量。核心引擎软件存在于 CAD、CAE、EDA 等科学类工业软件中，如几何建模引擎、约束求解器、网格剖分引擎、数值计算引擎等，也有可能存在于第二类和第三类工业软件中，如人工智能引擎、流程驱动引擎等。工业软件研发难度大，但其可见部分的研发难度只是冰山一角，真正难的是水面之下的部分。

总结来说，就中国市场占有率而言，国产工业软件并不是全面落后于国际工业软件，而是因类别而异：国产工业软件核心引擎领域基本空白，科学

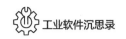

类工业软件落后，工程类工业软件与国际工业软件平分秋色，管理类工业软件领先于国际工业软件。因此，在突破"断供"问题上，我们应该有所为有所不为。

第10节　怀才不遇的工业软件人

"我们中国工业软件人都怀才不遇。"当笔者说这话时，记者眼中充满了疑问。曾经，中国工业软件企业，特别是自主研发企业，是国内少有的"高大上"的辛苦企业。中国工业软件人空有一身技术，却无法将其变成梦想中的工业软件。

"我渴望这个时机的到来，我渴望在我们这一辈人手中做出中国的工业软件。"当说这话时，投资人肯定看出了笔者的激动。这种心情，应该只有吾辈工业软件人才能体会。当前，天降大势必然伴随着天降大任，大势之下负重前行的吾辈是幸运的人。

当前，中国从事工业软件业务的组织有 3 类：研究所、民营公司和高等院校。

研究所（及相关公司）的使命是为体制内部甚至是只为本企业打造自主工业软件，其很少成为全国共享的成果，当然也有缺乏市场推广机制或动力不足的原因，使得这些成果无法扩展并应用到更大的范围。

高等院校的使命是培养人才和基础科研，所以其开发软件的主要目的是验证科研成果，追求创新性而非工程应用。同时，高校人才是天然流动的，所以，技术和成果的延续性较弱，当然，这也不是高等院校的追求目标。与研究所有同样的原因，高等院校也缺乏将其成果推广到市场的动力和机制，难以使其成为全国共享成果。

中国涉及工业软件业务的民营公司是工业软件领域中数量最多的组织，达到 200 家，其中稳定的工业软件从业人员也是最多的，达到上万人。民营公司的唯一活路是从市场中挣到钱，所以，它们在技术和产品推广方面具有最大的动力，无论是对国外进口软件还是自主研发软件。因此，这个群体被视为中国自主工业软件产业未来的希望。

民营公司最初的愿景是打造中国自主工业软件，但在之前的很长一段时间里，大家的使命基本上是——活着。民营公司从开发通用工业软件演变为给企业做定制开发项目，从"产品模式"演变成"服务模式"，虽然大家基本具备开发通用工业软件的能力，但就是无法将其变成普适的标准产品。

这个行业一大特点是"小而散"，其中最大的一家公司，也是第一梯队里唯一的一家，只有区区数百人，相比国际大鳄数千人的规模，它是个微小的存在。第二梯队的公司则只有其十分之一到五分之一的规模，无论是在收入还是在人数方面都是如此。

记者问笔者，中国自主工业软件公司的出路何在？笔者说，小帆板再多，也无法与一艘军舰对抗。所以，中国工业软件的出路只能是——整合出海。此处用"整合"一词，意为各工业软件公司要从过去的松散联合，转为在技术和业务上深度合作。当前，政府、工业企业和工业软件龙头企业，都提出了不同的整合模式。在这些整合模式中，不同类型的公司具有不同的核心竞争力，在整合体中均可发挥不同的价值。

中国的工业软件公司大约可以分为 4 类。如图 2-8 所示，以仿真软件为例，给出了人才的分布概况：①涉及仿真代理业务的公司，大约 120 家；②具备仿真咨询能力的公司，大约 40 家；③涉及仿真二次开发（增值开发）

的公司，大约 60 家；④具有仿真自主研发能力的公司，大约 30 家。

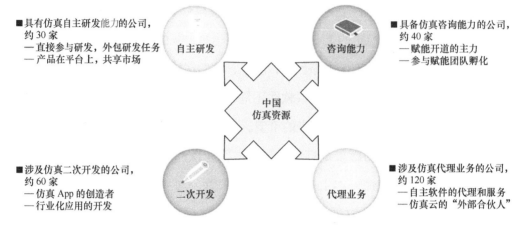

图 2-8　仿真软件人才的分布概况

我们提出了"赋能开道"的自主研发策略。这套策略不只是针对单个公司的独行策略，而是一个整合各方资源，多个公司共同参与的策略。在该策略中，不同类型的公司都可以发挥各自的长处。

自主研发公司可以参与到联盟中共同研发产品，各自发挥所长。龙头公司联合大家开发集成框架，并制定标准，每个公司可以只开发自己擅长的模块。这些模块由于是根据统一标准开发的，所以可以直接嵌入集成框架中。

二次开发（增值开发）公司可以参与行业化和专业化开发，或者在工业软件云生态中参与工业软件 App 的开发。中国工业软件终究要走向行业化和专业化道路，才能真正发挥本土优势。

具有工业软件咨询能力的公司可以参与到"赋能开道"的工作中来，利用我们提出的工业软件体系建设方法论，通过咨询过程将有价值的信息传递给用户。

传统的、以代理业务为主的公司可以利用销售渠道将中国自主工业软件推广到用户现场。更为小型的公司或个人可以在工业软件云生态中以外部合伙人的方式参与用户现场服务。

笔者本人正在参与一个称为"工业软件攻关工程"的项目,并倾注了较多心力。这个项目试图从组织、技术、标准和行动等方面,建立完整的工业软件发展体系,打造中国工业软件的发展标杆。

这是由一群有情怀、有能力的中国工业软件"吾辈"所构成的组织,专注于技术研发和业务发展,由中国某头部工业企业领衔,国家工业软件相关联盟指导,地方政府给予强力支持。笔者本人在其中负责组建和领导工业软件技术族,希望能在这个符合趋势的新型组织中充分发挥自身多年积累的经验和知识的优势作用,也希望我们提出的整合模式能在这个项目中发挥价值。

修炼体系格局

第三章

作为一个工业软件人，你每天在用各种"高大上"的工业软件，但你有没有想过，这些工业软件为什么没有变成生产力。你甚至不知道你的企业为什么要买这些工业软件，为什么不自主研发工业软件，如何评价工业软件的价值。

我们用的工业软件是国际公认的"高精度"好工业软件，但好工业软件未必带来高效益！神枪手用的枪与普通人的并无二致，但他能百步穿杨，功夫全在枪外。

我们每天恪尽职守，核对数据，力保准确，但如果你不知道正确数据的标准是什么，那你就永远无法得出正确结论。不知道目标是什么，你就永远无法实现。

我们多次利用工业软件找到了工业事故原因，但最难的是未卜先知。

如果工业软件的设计不以数据为依据，试验次数没有减少，质量没有提高，创新性不强，那所有的工业软件的应用效益都是虚假的。

工业软件体系才是提升效益的关键，即使软件再"高大上"，大拿再恪尽职守，都不是解决问题的钥匙。中国工业软件企业而是要围绕体系，做日复一日、一点一滴的积累和修炼。

中国工业软件人应该建立体系思维，让工业软件成为生产力！

第1节 工业软件体系的规划方法

工业软件的体系化才能让工业软件发挥应有的价值和效益。复杂企业的工业软件体系也必然是复杂的体系，复杂体系的建立必须经过严密的规划和实施来获得。因此，对企业来说，工业软件体系规划是一项基本功。企业规划应适合企业自身的工业软件体系，从以下几个层次和过程递进完成：选型体系规划、集成体系规划及应用体系规划等。由于篇幅所限，本节仅介绍规划过程应采用的框架、工具或原则。

1. 选型体系规划

何时引入和选择何种工业软件应该基于企业业务发展状态来决定，具体来讲就是提出企业整体及各业务单元的理想模型（业务蓝图），并判断企业达到该模型应该经历的过程，以及企业在各成熟度级别应使用的工业软件。通过企业当下所达到的成熟度级别来判断企业应该引入哪些与之对应的工业软件。

本节以工业软件研发体系为例，来说明这个过程。我们认为，所有复杂产品的研发体系都存在一个理想模型，工业软件体系的蓝图应该基于该模型来设计，从而判断引入工业软件的节奏。根据现代产品研发特征，我们提出企业研发体系的理想模型，如图 3-1 所示。该模型是由协同、管理、开发、知识和共享 5 个层次构成的多 V 模型。

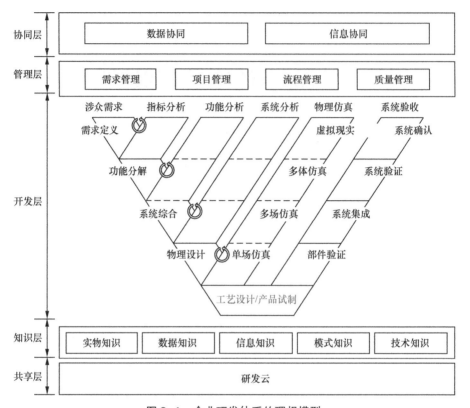

图 3-1 企业研发体系的理想模型

本模型包含了完整的研发要素及业务构件，其中的每一个矩形或菱形就是一个业务构件。任何一家研发型企业的业务模型都是本理想模型的子集。企业成熟度越高，研发产品越复杂，其业务模式就越与本模型一致。对于研发简单产品的企业，其业务模型是这个模型的子集。对于研发成熟度不高的企业，其业务现状是该模型的较低成熟度状态。

研发体系理想模型是研发型企业发展的对标模型。通过与此对标，企业所欠缺的或不完善的业务构件，就是企业未来应该建设的内容。根据企业发展战略规划，其可以形成研发体系，制定未来企业建设的步骤和计划。

研发体系理想模型及体系发展规划，可以指导企业将工业软件研发引入规划。理论上讲，理想模型中每一个业务构件都应该有一个工业软件来支撑。因此，我们可以一一对应地提出每个业务构件的工业软件，填入图 3-2 中的框架中，从而形成研发体系的工业软件蓝图，甚至，我们可以针对某企业或行业提出每个工具对应的参考软件。

研发数字化蓝图

数据协同平台		科研信息门户	

需求管理系统	项目管理系统	流程管理系统	质量管理系统

需求定义工具	指标分析工具	系统确认工具
功能分解工具	功能分析工具	系统验证工具
系统综合工具	系统分析工具	整机仿真工具
物理设计工具	单场仿真工具	部件实验工具
快速设计工具	计算机辅助制造工具	工艺设计工具

知识管理系统	知识加工工具	知识应用魔盒	产品技术平台

研发资源云平台

图 3-2 从理想企业模型到研发数字化蓝图

通过与理想模型对标，企业可以进行研发体系的发展规划，进而获得工业软件的引入规划。依据企业产品研发的起点，可以把企业研发能级（成熟度）分为 5 级：仿制级、逆向级、系统级、架构级和自由级，如图 3-3 所示。

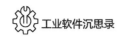

企业应该据此来判断自己当前所在的级别，引入对应的工业软件，通过研发体系的进化节奏，推导工业软件的引入节奏。

相同的方法可以应用到企业经营的其他过程中，如生产过程中。本质上，ISA-95 标准提出了生产制造的业务理想模型，及其对应的工业软件，分为物理过程层（0级）、传感层（1级）、监控层（2级，如 DCS、SCADA）、生产管理层（3级，如 MES）、经营管理层（4级，如 ERP、SCM）等。

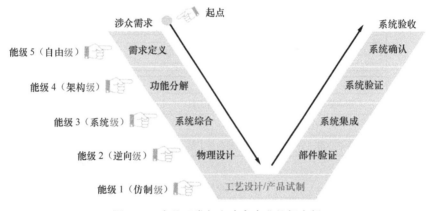

图 3-3　产品研发起点决定企业能级高低

2. 集成体系规划

工业体系的复杂性决定了工业软件体系的复杂性。众多工业软件被引入企业后，通过集成形成数字化平台，才能发挥工业软件体系的最大效益。推荐使用企业架构方法集成工业软件，可以参考 TOGAF、Zachman、FEA、DoDAF 等架构。本文以 TOGAF 架构及研发类工业软件的集成为例来做简单说明。

TOGAF 架构是由国际标准组织 The Open Group 制定的基于一个迭代过程的企业数字化建设与规划模型。它是当前最可靠和行之有效的企业数字化架构开发方法之一。

TOGAF 架构从企业战略愿景出发，通过建立企业的业务架构，进而建立信息系统架构（包括应用架构和数据架构）和技术架构，最终帮助企业完成数字化建设。其基本架构图和架构设计方法如图 3-4 所示。

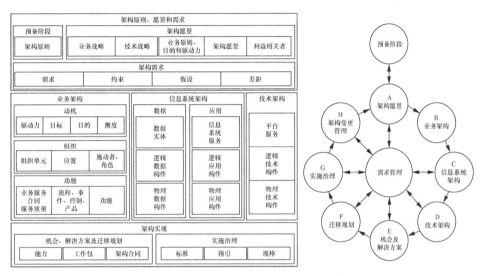

图 3-4　TOGAF 架构图和架构设计方法

企业利用该架构方法，可以把研发阶段的工业软件进行集成整合，构建研发体系，形成数字化平台。在数字化研发理想模型中，根据业务的相似性和关联性对模型涉及的业务进行归类。以此为依据，对数字化蓝图中的工业软件做相应归类，形成最终的数字化研发平台的参考架构，如图 3-5 所示。之所以称其为参考架构，是因为不同企业可以根据其当下的数字化转型需求，自主选择架构中的工业软件元素（目前以空白作为示意），从而形成其自身的数字化研发平台。

数字化研发平台既是数字化研发体系的组成部分，又是研发体系数字化转型的载体。理论上讲，所有的研发业务构件数字化集成后，研发人员不需要离开本平台，就可以完成产品的研发和设计。基于前文的讨论，数

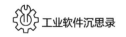

字化研发平台并非是一套工业软件，而是一系列工业软件构成的集成化平台。根据企业的数字化研发目标，基于先进计算架构（如云架构），利用面向服务的柔性集成框架，将企业与研发有关的所有工业软件协同整合，形成数字化研发平台。这些系统除数字化研发体系咨询和建设方所提供的系统外，还包括第三方软件、企业已有软件和未来引入的软件。

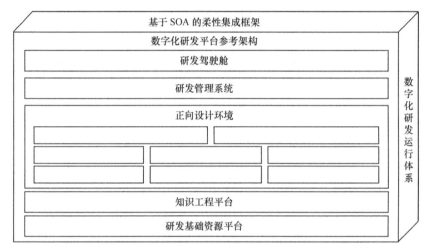

图3-5　数字化研发平台的参考架构

3. 应用体系规划

经常有人问企业如何提升软件应用水平，这个问题的实质是"如何提升工业软件应用效益"，因为企业引入工业软件的目的是创造效益，应用体系规划主要解决的就是这个问题。

工业软件的复杂性决定了其应用效益无法通过简单过程获得。实际上，工业软件涉及典型的社会性技术（即在人类社会中使用的技术）。社会性技术的特点是，技术推广应用和发挥效益的障碍往往不是技术本身，而是与社会有关的其他要素。这些要素包括人和组织、流程标准和规范、战略及平台等。如果没有建立与工业软件相配套的完备社会技术体系，那么即便利用再先进的工业软件和平台也不会获得效益。

基于 WSR（物理－事理－人理）模型可建立完整体系模型。因此，工业软件应用的完整体系模型由物理、事理、人理及平台构成，如图 3-6 所示。

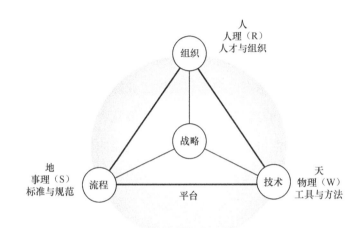

图 3-6　工业软件应用的完整体系模型

该模型从战略、组织、技术、流程及平台几个方面对体系进行分析。战略是中心，组织、技术、流程围绕战略展开，平台是体系落地的支撑和载体。由此构成"1-3-1"结构模型。① 1 个中心：战略（或定位），是体系的运行核心。② 3 个要素：组织、流程、技术，决定了体系的运行方式。③ 1 个载体：平台，利用了数字时代的便利性，为体系提供支撑。

工业软件的应用体系实际上就是针对企业的具体情况，特别是企业的发展战略和远景目标，依据 WSR 模型，使业务体系中各业务构件的 WSR 要素与工具软件匹配。工业软件应用体系既是对软件和技术的采纳，也是平台建设的必要支撑，更是对业务模式的选择，对流程、标准和规范的建设以及对组织的优化变革。

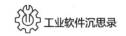

第2节　企业工业软件的引入途径

工业软件技术的引入是工业软件体系建设的首要工作。工业企业通常可以通过自主研发或购买商用产品来获得工业软件，究竟应该通过何种途径获得工业软件，需要考虑的要素包括该工业软件所在的产业状态、产品类型（或类别）、企业的战略及内部 IT 能力等几个方面。毋庸置疑，购买商业标准工业软件的性价比是最高的，这是企业的优先选择项。但鉴于工业软件的复杂性，其会有更多的使用状况和应用场景，需要结合以下几个方面具体分析。

1. 需求识别

需求识别是判断一款工业软件被引入与否和如何被引入的前提。一款先进的工业软件，特别是从工业水平先进的国家进口的工业软件，一般会超越采购企业的应用需求，你会发现工业软件水平的提升没有止境，但你的需求是有边界的。一款工业软件能否充分发挥作用和为企业带来效益，在企业购买工业软件前就决定了一半，企业在购买工业软件后只是对其预期价值和效益进行兑现，所以企业的工业软件应用方案和效益获取路线的设计要提前完成，应该在工业软件购买前而不是购买后，其中的关键就在于需求的识别。需求识别决定了应用的有效性，因为发挥工业软件效益的前提是企业选择了符合自身需求的工业软件。

很多企业懒于分析自身真实需求，往往利用"对标"来窥探同行所使用的工业软件，将它作为自己的需求工业软件。其实，每家企业的战略、产品、业务、用户、发展阶段、人才等都有一定的差异，各自具有不同的发展状态、条件和环境，其对应的工业软件需求是不尽相同的，这种不同小到模块，大到工业软件类别。因此，企业选型工业软件时的正确"对标"对象应该是自己的"刚需"，而非其他企业。

当然，企业购买的工业软件通常是标准化的，其功能和性能与自身的需求不会完全一致。企业在购买工业软件前，清晰识别自己的"刚需"和欲购买软件功能的匹配情况，不仅可以尽量减少资金浪费（去买太多自己用不上的功能），而且更重要的是可以理性判断自己能把某款软件的效益挖掘到何种程度、在哪些方面需要定制开发（二次开发）、对软件开发商提出何种升级需求等。

2. 产业状态

分析企业的产业状态主要考虑该类工业软件的在市场中的标准化程度、标准工业软件满足企业需求的程度、产品和服务的可获得性等。

① 标准化程度

如果市场上某类工业软件的标准化程度高，则说明企业用户所在行业的业务较明确和固化。这种情况下，用户通常属于传统工业领域，企业的独特性不会太强，此时应该优先考虑购买商用工业软件。如果该类工业软件的标准化程度不高，则说明用户所在行业的业务较不明确，也难以固化。这种情况下，该行业通常是新兴产业，每家企业的独特性比较强，此时企业可以考虑自研工业软件。至于是否选择外包模式，则取决于企业自身的战略和研发能力。

② 标准工业软件满足企业需求的程度

市场上已有的标准工业软件，标准化程度较高，但其仍然有可能在很大程度上无法满足企业的需求，这种现象往往发生在企业是行业龙头的情

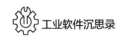

况时，因为这样的企业对软件的需求总是高于行业平均水平。对于标准工业软件满足度较高的情况，企业应该优先选择购买商业软件，否则应该考虑自主研发。至于是否选择外包模式，则取决于企业自身的战略和研发能力。

③ 产品和服务的可获得性

有时工业软件标准化程度和满足企业需求程度均比较高，但由于某些特殊的原因，如供货和提供服务路线存在某种障碍，特别是在当前"断供"事件频出的时代，有此类障碍时，企业需要考虑软件的自主研发。至于是否选择外包模式，则取决于企业自身的战略和研发能力。

3. 工业软件的类型和类别

理论上，工业软件分类的方法有无穷多种，基于不同目的有不同的分类维度，于是就有不同的分类方案。从上述问题的视角来看，软件有两种分类方法：第一种是基于软件与企业产品的关系进行分类，第二种是基于软件的技术构成与属性进行分类。

① 软件和企业产品的关系

过去的软件经常用于辅助企业产品研制和业务运行，属于辅助类软件。在数智化时代，软件也可能是用户产品的一部分，是软零件，如嵌入式软件、控制软件、车载或机载软件等。总体来讲，对于辅助类软件，企业如果有能力购买就优先选择购买方案，有能力自主研发软零件的企业就优先自主研发，当然这仍然需参考企业战略。

② 技术构成与属性

从这个视角，工业软件分为三类：第一类是科学类工业软件，第二类是工程类工业软件，第三类是管理类工业软件。其实还有一类特殊的软件——引擎类软件（第 0 类），不过终端用户通常接触不到这类软件，除非用户自主研发工业软件。通常来说，这几类软件中，类别号越小的工业软件，标准化程度越高，标准工业软件满足用户需求的可能性越高，与企业核心战略的不吻合度也越高（即企业往往不会选择将这种软件产业作为核心业务）。这些属性决定了对于小类别号的工业软件，企业适合购买商用工业软件，类别号越大，企业自主研发的空间越大。

4. 企业战略

当今是软件定义工业的时代，任何一个工业企业都有可能在未来某个时刻变成软件公司。所以，工业企业自主研发软件是大势所趋，但何时转型是由各企业的战略决定的。因此，战略是这个问题中的重要考虑维度，即使企业终将或很快转型为软件企业，也并不代表企业就要开发所有自己需要的软件，这仍然需要考虑企业的核心能力和核心业务所在。对于涉及核心业务的软件，且企业具备 IT 研发能力，其应优先考虑自主研发。当然，企业也有可能做好了转型的准备，计划把某种辅助型软件变成自己的一项新业务，进军软件产业。即使企业传统的核心业务不是该业务，但如果确有能力使其成为行业重要玩家，企业就可以考虑将该业务剥离，依托该业务成立独立的软件公司，达索系统公司就是一个范例。

无论何种类型的软件，其从代码变成商品，都需要经过工程化、产品化和商品化过程，每个过程都需要对其进行相应的投资，并经历较长周期。如果企业没有做好转型的准备，就很难坚持到最后，坚持不到最后，一切都可能成为沉没成本。

5. 企业内部 IT 组织的研发能力

软件行业是不同于一般工业的独特行业，受软件工程学规律的支配，与普通工业体系差异巨大。因此，IT 研发能力是一项与其他能力全然不同的能力。

行业客观情况和企业战略决定了企业是采购标准商业工业软件还是自主研发工业软件，而企业内部 IT 研发能力则决定了其是完全自主研发还是外包研发，应该从软件技术积累、科学原理积累、工业知识积累、需求分析能力、工程验证能力、可持续发展能力等方面考察 IT 研发团队的 IT 研发能力。具体维度不在此处展开，详情可查阅软件工程学的相关资料。

6. 保密要求

工业软件与普通软件最大的区别是，工业软件涉及大量企业内的知识，这些知识往往是企业最有价值且须高度保密的资产。如果企业所需的工业软件具有较高的知识密度和高保密要求，则企业应该考虑自主研发工业软件。

总之，本节所述的多个维度构成了一个复杂的决策矩阵，表 3-1 的矩阵反映了一种倾向性建议，但在特定场景下，仍然可选择其他策略，其中，1 代表购买策略，2 代表自研策略，3 代表外包策略，NA 代表不存在的场景。

表 3-1　多个维度构成了一个复杂的决策矩阵

内部特征	程度	标准化程度		需求满足度		可获得性		软件和产品的关系		技术属性			
		高	低	高	低	高	低	辅助	软零件	引擎	科技	工程	管理
软件转型	近期	1	2	1	2	1	2	1	2	1	1	2	3
	远期	1	3	1	3	1	3	1	2	1	1	2	3
IT 研发能力	高	1	2	1	2	1	2	3	2	1	1	2	2
	低	1	3	1	3	1	3	1	3	1	1	3	3
保密要求	高	NA	2	NA	2	NA	2	2	2	2	2	2	2
	低	1	3	1	3	1	3	1	1、3	1	1	1	1

第3节　工业软件的技术评价方法

工业软件是否应该被引入或引入是否成功，需要一套科学的方法来评价。从软件工程学的角度来说，对软件技术的评价主要关注功能要素和性能要素两方面，但考虑工业软件的特殊性，还需要关注部分工业软件的特性。另外，评价的前提是确定评价参考物。对于不同的软件，这些要素、参考物情况各异，所以还需要考虑分类评价的必要性。

1. 参考物的确定

对工业软件评价的实质是：与参考物相比，某款工业软件在各类技术要素方面的领先或落后程度。因此，参考物的确定是进行工业软件技术评价的前提。

确定参考物的最简单的方法是确定一款对标的软件，梳理该软件的功能、规格及性能指标，形成目标软件相应功能、规格和性能指标评价基线。使用这种方法确实可以对几款同类工业软件进行相对性评价，但未必适合企业的选型，特别是中国工业企业。用国际先进软件作为对比基线，其实并不能给中国工业企业的国产工业软件选型提供指导。

因此，我们推荐另一种参考物的确定方案——基于中国同类（同行或同类工业品）工业企业对某款工业软件的刚需进行工业软件的选型。这种方案比较适合中国企业的国产工业软件的选型，但基线的确定难度相对要大，需要行业或企业了解其真实科技和工业水平，以及梳理相对应的工业软件真实应用要求。这对工业行业和企业有一定的挑战性，需要特定的机构组织专业人士一起进行梳理和标准化工作。

2. 功能规格

工业软件的功能规格是技术评价的首要对象，它与这款工业软件的目的、

使命和需求高度相关，即使在工业软件这样一个看似狭窄的领域，也仍然没有一套有关功能规格的标准。

软件功能通常有基础功能和高级功能之分。基础功能是指无论哪个开发商开发的软件，只要这些软件属于同一门类，就一定具有的功能。刚性功能规格不因开发商的不同而不同。高级功能则是指开发商根据市场不同用户的需求，进行差异化研发而形成的功能，属于柔性功能规格，因开发商不同而不同。

工业软件还应具有凸显行业（专业）属性的功能，这与软件服务的特定市场强相关，这些功能不因开发商的不同而不同，而因目标市场的差别而有差异。

3. 性能指标

相比于功能规格，工业软件性能指标的差异化就要小得多。软件工程学中推荐的性能指标适合大部分工业软件。当然，工业软件的特殊性也在于，某些特别影响工业软件性能的指标正是工业软件的特色所在。

软件工程学中，软件性能指标通常使用的评价维度包括可靠性、易用性、健壮性、并发性、安全性、可维护性、可移植性、硬件系统无关性、软件系统无关性、可扩充性等。对工业软件来说，根据不同的软件类型，还有更多需特别关注的性能，如计算精确性、单核计算效率、并行计算效率、计算数据的 I/O 效率、图形操作的流畅性、大模型传输的速度等。

4. 分类的重要性

工业软件种类繁多，每种工业软件所蕴含的技术差异巨大，所以有必要对它们进行分类评价。理论上讲，工业软件分类的方法有无穷多种，基于不同目的有不同的分类维度，于是就有不同的分类方案。从工业软件技术构成属性的视角来看，工业软件可以分为工具类、平台类和新型类 3 种类型，每类又可以细分，如表 3-2 所示。

表 3-2 基于技术构成属性的工业软件分类方法

大类	小类	典型软件
工具类	图形图像类	CAD、CAM 等
	科学计算类	CAE、EDA、MBSE 等
平台类	业务过程类	多学科集成平台、MES 等
	资源规划类 (ERP 阵营)	财务、成本、HR、知识等管理软件
	业务管理类 (PLM 阵营)	数据、需求、质量、项目等管理软件
新型类	人工智能类	工业大数据、机器视觉
	工业互联类	IoT、云计算

根据每类工业软件的技术属性不同，对工业软件评价的重点也应该相应调整。工具类软件侧重内核技术，如算法引擎、图形引擎、交互技术等。平台类软件往往注重大量数据量及流程运行、多人多组织协同工作、软件架构等。新型工业软件关注大数据算法、工业知识图谱、工业互联网延时方面及安全性等。

5. 实例：CAE 软件的技术评价指标

其实，即使按照上文的分类方法将工业软件继续细分，也很难提出一套普适的评价指标。CAE 软件作为一种典型的工业软件，与其他工业软件，如 CAD 软件等的技术指标仍然有较大差别，即使在工具类的科学计算类细分领域中，不同的 CAE 软件之间也有一定差异，特别是求解器的功能和性能，如表 3-3 所示。

表 3-3 CAE 软件的技术评价指标

主项	分项	细分项	主项	分项	细分项
求解器	功能	求解功能	前后处理	功能	材料模型及材料库
		一级分解 A			几何接口与建模能力
		一级分解 B			几何修复与网格能力
		一级分解 N			边界条件设置能力
	性能	计算精度			求解设置能力
		计算效率			后处理能力
		计算规模			定制化开发能力
		收敛性		性能	健壮性
		健壮性和容错性			易用性
		大规模并行能力			兼容性（OS、硬件、数据库）

第4节　企业工业软件体系的建设

上一节讨论了工业软件体系的规划方法，其中在应用体系规划中引入了 WSR 模型，该模型对体系的建设也具有重要价值。

1. 工业软件体系的建设

工业软件体系的发展通常是从技术开始。当企业的技术达到一定程度，需要社会化推广应用时，就必须明确战略体系，完善流程体系、组织体系及人才体系，最终形成完整和稳定的工业软件体系，参考架构如图 3-7 所示。

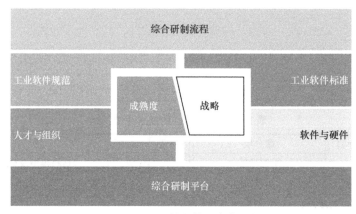

图 3-7　工业软件体系参考架构

① 确定战略定位是前提

企业购买各种工业软件的目的和对工业软件的期望并不完全一致，该目的取决于企业的战略定位，也决定了某款工业软件在企业中的定位。

企业明确工业软件的战略定位是应用体系规划与建设的前提。工业软件的确重要，但也不意味着任何一家企业都需要以最高标准来引入它，这与企业整体战略有关，工业软件相关技术毕竟是高门槛、高投入的技术。企业必须树立关于工业软件正确的成本观和价值观，这些观念将影响企业对工业软件的选择。过分夸大工业软件的效益和过分强调工业软件的成本，对其效益的发挥都有负面作用。因此，企业对工业软件的定位要恰如其分，不偏不倚。

②流程、标准与规范是核心

工业软件的复杂性决定了其效益的发挥需要流程、标准和规范来保障。流程主要是指工业软件体系运行的逻辑体系；标准规定了工业软件应用过程和成果优劣的评判准则；规范主要用于解决"怎么做"的问题，也可以将其理解为工作指南。

对于平台类软件，流程必不可少。平台类软件的实施和运行，往往伴随着业务模式和组织结构的变革。其运行过程采用多部门、多人员、多软件、多数据的综合模式，所以标准的业务流程和软件应用流程是将这些要素良好组织的唯一手段。

对于工具类软件，标准和规范必不可少。工业软件在企业中的应用方式和应用结果因人而异，这种不一致性可能导致应用结论不能被组织采信。以仿真软件为例，对同一个问题，两位资深专家使用同一款仿真软件，得到的结果不同；同一位资深专家，用不同的软件，得到的结果不同；用试验进行验证，发现这两个仿真结果与试验结果都不同。这种情况会严重影响设计人员对仿真的信任度，解决办法就是建立标准和规范。建立仿真标准的根本目的不是让计算结果更接近真实结果，而是保持计算结果的一致性。只要遵守同一个标准，对同一个问题，不同的人、不同的软件，仿真得到的结果应该是一致的，结果未必是最优的，但是可重复的。可以被重现和追溯的结果才

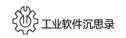

是可以采信的，这就是仿真标准的意义所在。

③ 知识积累、二次开发及 App 开发

通常的工业软件是标准的和普适的，企业的个性化需求也许不会被满足，因此经常会有二次开发的需求。另外，企业在使用工业软件的过程中形成的知识可以被重用，如果能利用软件技术将知识转化为 App，则会显著提高知识的使用效率和效益。其实，工业软件应用标准本身就是最具价值的知识，也最有潜力被具化为 App。所以，知识积累、二次开发及 App 开发是工业软件应用价值提升路线中的重要组成部分。

④ 组织、平台和数据的规划

工业软件的复杂性，使其对使用人员的要求往往较高，因此人员的能力发展、组织建设、激励体系等是社会技术体系建设中不可或缺的要素。

工业软件分为平台类软件和工具类软件，但工具类软件仍然需要建立集成平台，它使多种工具软件协同工作。正如前文所言，平台类软件涉及多部门和多数据。因此平台和数据的规划是企业工业软件体系建设另外一项不可或缺的环节。

2. 工业软件体系的建设

工业软件体系建设的步骤依次包括：现状诊断、蓝图设计、确立进化路线，如图 3-8 所示。

图 3-8　工业软件体系建设的步骤

企业对发展速率的承受能力是有限的，因此，工业软件体系发展会划分为几个阶段来逐步进行，这几个阶段则根据成熟度模型来设计。

通常来说，工业软件体系建设路线和节奏并无一定之规，只要符合成熟度进化模型即可。但为了方便读者，我们给出一个典型的规划建议：将工业软件体系建设规划为近、中、远三个阶段，各阶段的建设目标分别是评价设计、优化设计和驱动设计。

① 体系建设路线

企业工业软件体系的建设是一个持续渐进的过程，路线如图3-9所示。其过程是，企业基于研发整体规划制定工业软件战略，开展工业软件体系成熟度评估，基于现有的软硬件技术工具及人才资源，针对企业研发活动中的工业软件需求，寻找差距与不足。

通过工业软件体系建设，企业优化现有工业软件软硬件设备及人力资源，完善工业软件组织结构，培养一支优秀的工业软件团队，建立工业软件技术标准与规范，完成软件与硬件的配置优化，形成一套适应企业需求的综合工业软件平台，从而使工业软件体系充分发挥综合效能。

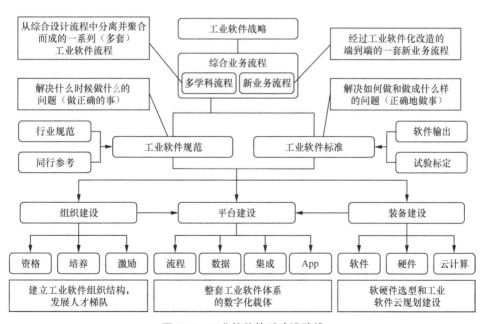

图 3-9 工业软件体系建设路线

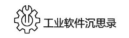

② 体系建设方法论

作为一个综合系统，工业软件体系的建设不是一场运动，更不是一朝一夕能完成的。体系建设方法论是这项工程的前提，是必不可少的基础。

体系建设方法论提供了各类细分工作的规定、标准和原则，以及配套的工具和模板。其目的是给出企业工业软件体系不同级别（成熟度）的升级路线，每一级别有 5 ～ 7 个阶段，每个阶段有 5 ～ 7 个步骤，如图 3-10 所示。

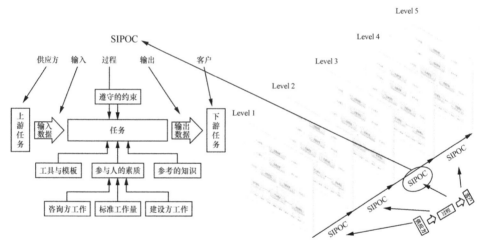

图 3-10　企业工业软件体系不同级别（成熟度）的升级路线

在每个阶段中，每个步骤的工作相关信息内容用增强的 SIPOC 模型［供应方（来源）→输入→过程→输出→客户（去向）］约定表达，该模型由 11 个维度构成：上游任务（来源）、下游任务（去向）、输入数据、输出数据、咨询方工作、建设方工作、遵守的约束、工具与模板、参考的知识、参与人的素质、标准工作量等。此处提出"咨询方工作"，是因为工业软件体系建设通常在外部咨询机构的参与下完成。

工业软件体系建设最终将形成包括工业软件组织的架构图、工业软件人员配置、团队培养计划、综合设计流程、多学科工业软件集成流程、工业软件标准手册、工业软件规范手册、工业软件硬件资源、综合业务平台、工业软件模板库等在内的调研报告、咨询报告、建设规划和部署方案等一系列成果。

③ 保持动态和发展的眼光

工业软件在快速发展，工业软件体系的成熟度也需要攀升，因此，设计工业软件应用效益提升路线时应该具有长远眼光并对其进行动态调整，应该提前了解工业软件所在行业的发展趋势、特定工业软件的路线图规划，以及企业业务进化的需求，并据此设计工业软件体系的蓝图和路线。通常首先设计一个理想蓝图，然后确立进化路线，在进化路线上设立 3 到 5 个里程碑作为本企业的进化阶梯，将各里程碑作为目标进行建设并实施方案，切记，路在脚下。

3. 工业软件体系是一种能力，更是一场修炼

综上所述，只有建立科学和完善的工业软件体系，利用工业软件得到工业数据信息并将其作为产品设计的依据，企业才能将工业软件变成生产力，才能真正拥有"工业软件驱动研发"的能力！

企业的工业软件体系是一种能力体系。从引进软硬件开始，企业便初步拥有了一定的工业软件能力。但是，在企业工业软件能力建设过程中，大量实践也表明一些企业把工业软件能力建设与软硬件采购等同，而忽略了构成体系的其他要素。工业软件软硬件很容易被采购，国内企业的工业软件的软硬件配置基本与国外先进工业软件配置保持同步，但工业软件体系所蕴含的软能力企业无法购买，而需要企业基于自身特点进行研发，开展系统规划并持续建设。

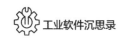

建设工业软件体系是一条能让我们看到未来的路，是让工业软件成为生产力的唯一道路，能让企业逐步走出工业软件迷局，最终一骑绝尘。但这件事情，绝不是大家想象的轰轰烈烈、风光旖旎。恰恰相反，工业软件体系建设实际上是一场修炼，企业需要像工匠那样一点点地凿开枷锁，清除障碍，日复一日、一点一滴地积累。实践证明，那些愿意一步一步遵循方法论建设工业软件体系的企业，其能力会越积累越厚实，并走向更大的成功。

第5节　企业工业软件战略重要吗？

战略是不是重要的？当然自不必说。特别是一家企业，如果它没有战略的指引，耗费三五年，很可能不仅没有达到目标，还被七歪八扭地拉到一条既不熟悉也不喜欢的路上。回头看的时候，企业可能自己都觉得奇怪。

但说起工业软件战略，有人觉得，这有必要吗？甚至很多人都不知道工业软件战略是什么。其实，战略本身并不神秘，它在一系列事务中，决定哪件事重要，哪件事不重要，毕竟资源是有限的，企业必须有所为有所不为。所以，工业软件战略并不神秘，即企业需要做一个判断，工业软件对于企业到底有多重要，这决定了一家企业在工业软件体系上以何种力度进行投资。工业软件有多种使命，不同使命对应不同的工业软件；同一种使命对应多类工业软件，且每类工业软件具有不同的分级，高、中、低端各不相同；即使同一种工业软件，企业的使用深度也会不同，这些都影响着企业在工业软件领域投资规模的大小。并不是每家企业都应该重度投资工业软件，这种判断需要企业根据整体战略和产品研发战略来做出。对一家将产品研发和创新作为最重要战略的企业来说，工业软件自然应该是最重要的投资之一。但是对以来料加工为战略的企业来说，企业也许根本不需要重度投资工业软件，甚至不需要任何投资。

我们在进行工业软件体系参考架构设计时，自然地把战略放在了架构的核心位置。工业软件体系参考架构中还应有一个特别成员：成熟度，而且应该把成熟度和战略放在同等位置，以显示它的重要性。

你也许会问，体系的成熟度难道不是在企业发展过程中自然而然形成的吗？其实，在有战略设计的企业中，成熟度是被选择出来的，就像企业需要选择战略一样。因此，成熟度与战略是相伴而生的，它应与战略同时被选择，并且是工业软件战略分阶段表达的一种方式。企业根据其成熟度可以在工业软件领域做出适时和准确的投资，不早不晚，不欠不溢。

就像企业的战略不是一成不变的一样，战略本身的进化路线也是战略规划的一部分。对于可预期的未来（几年），如果企业在产品研发创新方面有投入计划，那么工业软件规划也应作为其配套的计划之一。

工业软件体系成熟度概念的提出，当然考虑了企业发展的渐进性，所以工业软件体系建设也应该采用渐进策略，按照成熟度规律逐步进化。在工业软件体系建设之前，或者工业软件体系建设获得阶段性进展后，企业都应该对其成熟度进行评价，这有助于明确其当前位置，便于确定下一步的工作方向和重点。

通常，我们把工业软件体系的成熟度模型分为 5 级，评价依据是企业工业软件体系各个维度所达到的程度，成熟度的总体级别根据各维度加权平均而获得。这个过程可以协助企业盘点自身工业软件技术能力及资源，认识不

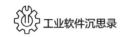

足和短板，从而制定体系目标规划和具体建设策略。

即使"工业软件具有重大效益"这一观点在社会上已达成共识，但也不意味着任何一家企业都需要以最高标准来引入工业软件，这与企业的整体战略有关。工业软件相关技术是高门槛、高投入的技术，一家企业以何种标准和节奏引入工业软件，需要根据企业整体战略和产品研发战略来分析确定。工业软件战略应该是这两个战略在工业软件领域的映射。

企业必须树立关于工业软件正确的成本观和价值观，这些观念将影响企业对工业软件战略的选择。有些企业对工业软件的价值认知较低，对于低价值的事务企业当然能省则省。很多企业把工业软件看作一种成本投入，既然是成本，那应该是越少越好。这种认知虽不可取，但过分夸大工业软件的效益，或者把工业软件效益的获得设想得过于容易，反倒会让企业对工业软件从高度期望转变为大失所望，也不可取。

工业软件战略要恰如其分，不要激进，也不要过于保守。因此，我们需要认真回答以下问题。

●企业整体战略是高技术型、低成本型、平衡型中的哪一种？企业产品战略是生产型、创新型、模仿型、赶超型中的哪一种？这将决定工业软件在技术体系中的战略位置，也决定企业是否选用工业软件作为企业和产品的核心竞争力，如采取高技术型战略的企业对研发体系的期望高于采取低成本型战略的企业，与之伴随的就是对工业软件的高期望。

●企业工业软件体系发展最终应该达到哪个成熟度级别？或者说企业应该选择哪个成熟度级别作为最终目标？对于以研发创新为核心战略的企业，工业软件体系的目标成熟度必然高；对于生产型的企业，处于2级成熟度的工业软件体系也许就能满足企业的战略要求。

●掌握工业软件技术的设计人员的比例应该达到多少？利用虚拟工业软件代替物理试验的比例是多少？这与工业软件在当前研制体系中的地位及设计制造—工业软件—集成验证等之间的关系有关。

总之，战略确实是个"高大上"的词汇，但你不应该认为它费神、费力、费钱、费时（四费）。其实，本节揭示了一个事实——战略其实是帮你省钱、省事、省时、省力（四省）的东西。走错路或枉投钱，才是真正的"四费"！

第6节　仿真是如何驱动研发的

仿真软件作为一款典型的工业软件，符合工业软件发展路线和价值规律。仿真软件堪称世界工业软件的"大师兄"，是这个工业软件产业最早出现的品种，拥有普通工业软件所不具有的独特之处。我们曾经围绕仿真软件，利用前文提到的能力体系建设方法，挖掘其价值规律，求索将仿真变成生产力的策略，获得较为系统化的成果。我们将选择其中的部分内容与读者探讨。

1. 仿真驱动研发的提出

如果你的业务涉猎仿真产业和技术，那么你一定听说过"仿真驱动研发"这一句话。它最初被某供应商提出，之后被更多的供应商使用，然后被媒体采纳，被企业接纳……但什么是"仿真驱动研发"，仿真到底是怎么驱动研发的？似乎很多人对这句话的理解有一定偏差，许多仿真技术供应商对"仿真驱动研发"的表述都不甚正确。关于仿真驱动研发，我们见得比较多的一张图，如图3-11所示。

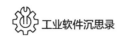

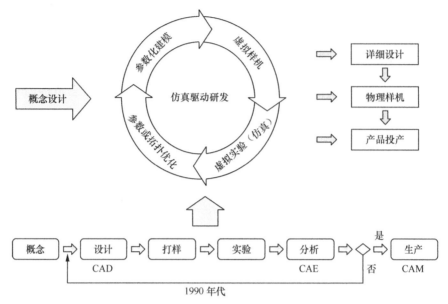

图 3-11　仿真驱动研发示意图

图 3-11 的确反映了仿真在产品设计单一过程中的驱动作用，但产品研发是具有更大时空框架的过程。研发过程就像南水北调工程，仿真就像是水泵。整个工程中有无数个不同类型的水泵，在哪里安置何种水泵才能最高效地发挥水泵们的作用是一个系统要解决的问题。

企业中往往存在两种极端思维：一种是认为仿真无所不能，应该尽量多地用仿真来指导设计；另一种是认为仿真就是锦上添花，在设计方案确定后做确认即可，有些企业甚至把仿真作为展示或作秀。

其实，仿真是个高投入、高成本的活动，不仅仿真软件价格昂贵，使用人员的成本较高，时间投入也较长。对于一个产品的设计，在不必要的环节投入仿真，换取的回报也许会小于投入，所以，仿真并不是用得越多越好。相反，把仿真完全看作"花瓶"和作秀，就过于轻视了仿真的价值，企业花重金购买仿真软件变成了一种浪费。

企业界定仿真能发挥最大价值的环节，并以最高的性价比来引入仿真软件，并且得到最有价值的结果，才是"仿真驱动研发"的精髓。

在展开讨论之前，我们先界定两个容易混淆的词汇——标准与规范。由于业界对"标准"和"规范"两个词汇的定义没有一定之规，因此有必要对这两个词汇做一定的区分。我们用以下两句话来概括这两个词汇的区别：

● "规范"用来回答在什么地方用仿真、用什么仿真的问题。

● "标准"用来回答如何做好仿真的问题，定义所谓好的仿真的评判标准（依据）。

2. 设计流程的仿真化改造

仿真标准与规范建设的前提是设计流程的仿真化改造。设计就像打仗，打仗就得熟悉兵力布局、作战地形、行军路线和作战路线。设计流程就是反映地形和路线的地图。

复杂产品的设计必然有着复杂的设计流程和大量设计活动，相当于作战时错综复杂的地形和路线。如果缺少作战地图，那么从兵力布局、行军到作战，必然处处受制。因此，设计流程具有引领作用，具有枢纽作用，具有保障和管控作用。

所谓兵马未动粮草先行，当我们清楚了作战地形和路线，就可以在关键环节提前部署兵器，仿真工具就是这些兵器中的重要一类。经过仿真化改造的设计流程称为"综合设计流程"。

设计流程仿真化的具体方法是重新审视设计流程，找到仿真价值实现的最大环节，将正确的仿真技术嵌入其中。仿真最直接的价值是替代试验，所以传统的试验环节往往是流程优化工作最先关注的。当然，仿真的最终目的是创新，而不是验证，所以在设计早期，虽然没有太多试验活动，但仿真实现的价值却最大。

产品设计一般划分为以下几个阶段：方案论证阶段、概念设计阶段、技术设计阶段、试验验证阶段等。仿真在不同阶段的用途不同。

●方案论证阶段——利用仿真进行快速论证。此时追求仿真的快速，不追求精确。

●概念设计阶段——利用仿真进行方案快速验证。系统仿真和多学科仿真是主要手段。

●技术设计阶段——利用仿真完成关键设计参数的优化与确定。此处实物仿真是重点。

●试验验证阶段——尽管仿真的目的是替代试验，但在实践中，必要的试验还需要保留，特别是某些行业，规范要求如此。利用仿真帮助规划试验方案，准确定位测试点，减少试错次数，精益地获得数据，用较少的次数达到试验目的，提升试验效率。

在不同的设计阶段，相同零部件的同类仿真分析目的不同，因此，采用的技术、工具、仿真模型、网格的处理方式、结果的处理与评价等也各不相同。

3. 仿真规范用来排兵布阵

如何界定仿真能实现最大价值的环节，确保必要的时候做正确的仿真，是"仿真规范"建设的任务。

仿真规范规定了产品在不同设计阶段、不同专业开展的仿真工作及各仿真任务应采用的技术和方法。本规范应作为强制性文件，要求全体仿真人员使用和遵守。

另外，考虑企业仿真体系的成熟度是逐步进化的，所以，仿真规范不仅要规定"理想情况下产品研发在什么时候要做什么仿真"，还应该规定"在仿真体系的不同成熟度级别，应该做何种修正"。

仿真规范最终应该形成一套仿真规范手册，手册中除描述产品研发阶

段所涉及的所有仿真任务清单外（见图 3-12），还应该描述每个仿真任务的
SIPOC 模型中的具体信息。

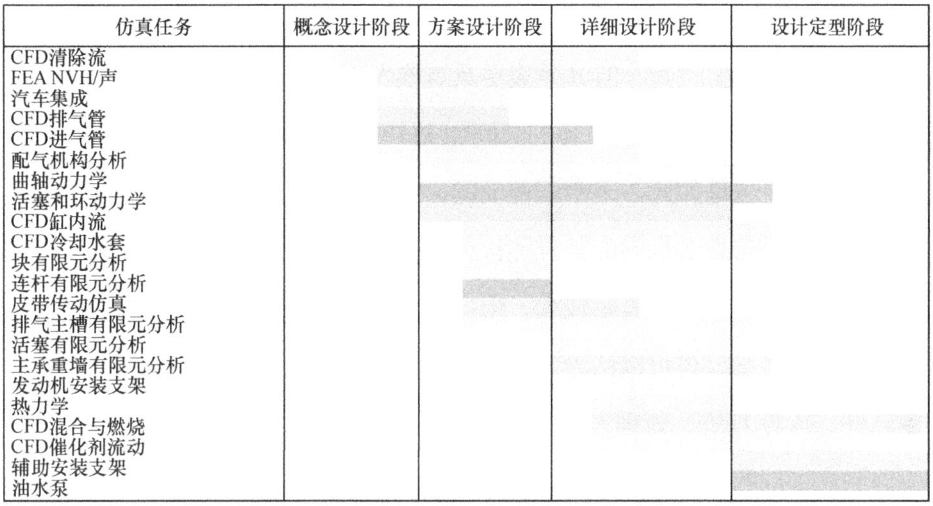

仿真任务	概念设计阶段	方案设计阶段	详细设计阶段	设计定型阶段
CFD清除流				
FEA NVH/声				
汽车集成				
CFD排气管				
CFD进气管				
配气机构分析				
曲轴动力学				
活塞和环动力学				
CFD缸内流				
CFD冷却水套				
块有限元分析				
连杆有限元分析				
皮带传动仿真				
排气主槽有限元分析				
活塞有限元分析				
主承重墙有限元分析				
发动机安装支架				
热力学				
CFD混合与燃烧				
CFD催化剂流动				
辅助安装支架				
油水泵				

图 3-12 某企业在发动机设计中的关键仿真工作项

在相应的仿真技术规范中，明确仿真任务的工作要求、输入、输出、上
下游工作关系、使用的技术和工具、执行人要求、预测工作量、可参考的知识
等信息。

4. 仿真标准用来精准打击

在中国，很多企业每天热闹地做仿真，其实都是在做"假仿真"！企业的
仿真能级被"封印"在 1 级成熟度且无法突破，每天沉迷于"大拿迷局"无力
自拔。"大拿迷局"中有同一个令人烦恼的词——不同。也就是说，我们一直在
追逐它的反义词——一致性——而不得。这就是为什么仿真标准这么重要的
最直接原因。

"仿真"一词本身就代表我们获得的结果不是真的，不然怎么会用"仿"
字呢？用计算机模仿的世界必然不能和真实世界一模一样，所以"假"是"仿
真"的天然属性。可这种"假"显然也无碍大局，不然仿真技术怎么可能在

105

世界工业中发挥那么重要的作用呢？虽然"假"不是问题，但弄清楚"假"到什么程度却是关键问题。就像 A、B 两块手表，我很清楚 A 手表的时间比真实时间慢 10 分钟，而我不知道 B 手表慢多少，只知道不到 10 分钟。显然，B 比 A 更接近真实时间，但 A 手表更具有参考性，因为 A 手表清晰地给出了一个标定：慢 10 分钟，手表 A 的时间加上 10 分钟就是真实时间。

仿真世界也是如此。一个工程问题，如果用某个软件、某种处理方法计算获得的结果与真实世界的差异能被标定，那么仿真的结果就是可以被参考的。即使其与真实世界差距较大，但只要这种差距是恒定的，就可以用某个数据或方法修正，也可以认为该仿真结果是"精确"的。这种"精确"不是由软件、计算方法、处理方法等决定的，而是通过标准获得的。从此之后，每遇到这种问题，就按照相同的处理方法、相同的软件来计算，计算结果通过标定的偏差来修正，就可以获得正确结果。某汽车企业曾用 100 个单元剖分一个车门，计算结果与实际试验有 20% 的差距，但这个差距是稳定的。有人认为 100 个单元未免太粗糙了，应该把网格加密 10 倍，达到 1000 个单元。相比数年前建立标准的时候，现在的计算机性能明显提升了，10 倍的计算量并不算什么。理论上讲，网格细化后的计算结果也的确更接近于现实，但问题是我们不知道 1000 个单元的计算结果与实际试验的差距到底是多少，所以这种做法从理论上是正确的，对工程却是无益的。

仿真标准的根本目的不是让计算结果更接近真实世界，而是"保持计算结果的一致性"，解决"大拿迷局"问题。遵守同一个标准，对同一个问题，不同的人采用不同的软件仿真，得到的结论都应该是一致的。标准的规定未必是最优的，但结果是可重复的，可以被重现和追溯的结果才是最可靠的。这就是仿真标准的意义所在。可重复！细心的读者可能注意到我们提出的仿真能力体系成熟度模型中第 2 级别的名字就是"重复"。

仿真标准是对仿真过程做出具体规定的技术准则及强制执行文件，包括某项仿真工作的技术原理、前提假设、计算方法、软件工具、模型处理、材料选择与等效、边界条件确定、仿真步骤、计算控制、结果检查、结果处理及评价、试验标定等。

相对于仿真软件的使用，仿真标准要复杂得多，形成的难度也更大，企业不仅需要对仿真过程做大量的调试，还需要做大量的试验验证和误差标定。

仿真标准的建设成果是形成一套标准手册，并将其作为仿真工作的依据和准则，这是企业的核心资产。对于每个相对独立的标准，可以提取其中的核心内容做成一张卡片，用起来就方便多了，如图 3-13 所示。

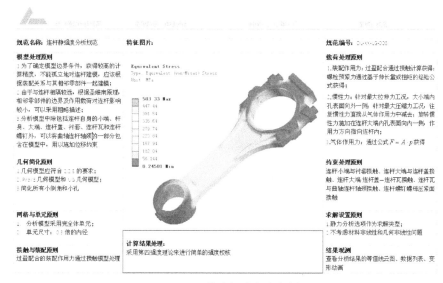

图 3-13　仿真标准卡片实例

需要注意的是，企业应当在仿真体系成熟度的不同级别选出相适应的标准，标准并不是越多越好，与现状不匹配的标准反倒是一种浪费。

5.“仿真驱动研发”的真谛

在产品研发体系中，要在正确的地方做正确的仿真。这意味着要在研发

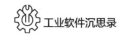

的关键环节正确利用仿真技术，打通设计瓶颈。这里强调要让仿真只出现在正确的地方，把好钢用在刀刃上，而不是将仿真用在研发流程的所有环节。这是仿真能力体系建设的核心，也是"仿真驱动研发"的真谛。

第7节　中国工业企业的仿真能级

我们都知道，中国企业对仿真应用的效益普遍不高。那到底有多低？我们从中国仿真的"大拿迷局"说起。

- 对同一个问题，使用同一款仿真软件，两个大拿做出来的结果不同！
- 同一个大拿，用不同的软件，做出来的结果不同！
- 用试验进行验证，发现这两个仿真结果与试验都不同！

如果一家企业的仿真普遍存在以上现象，那么你觉得他们仿真水平的段位应该是多高呢？先说个结论：如果最高分是 100 分，那这个段位只有 10 分！很低吧？！但在中国企业中这些现象非常普遍。他们每天很热闹地做仿真，其实都是在做"假仿真"。

你肯定要问，这分数是怎么打出来的？我们采用的标尺是企业仿真体系成熟度模型！由于企业仿真体系是一种能力体系，所以也可以认为这是一个"企业仿真能力衡量模型"。

企业仿真体系是一套帮助企业建立仿真能力的方法论体系，是在企业研发中，仿真组织、人员、流程、规范、技术、设备等要素按照一定的秩序和内部联系组合而成的整体系统。仿真体系是各要素融合和交互的平台，它们共同发挥作用，支撑企业的研发活动。

仿真体系建设的方法论包含企业仿真体系成熟度评估、企业仿真战略选择、仿真流程梳理、标准建设、规范建设、组织建设、人才梯队建设、软件选型和装备建设、IT 支撑和云平台建设、仿真平台建设方法等 10 个方面，并为每个方面提供细分规范、标准和原则，以及与之配套的工具和模板。本体系的全貌将在后文中逐步介绍，这里主要介绍其中的仿真体系成熟度模型。该模型是企业仿真体系建设的依据，可有效评估企业仿真体系的建设效果。

1. 仿真体系成熟度模型

仿真体系成熟度模型将仿真体系分为 5 个级别，如图 3-14 所示，分别是采纳级、重复级、预测级、驱动级和引领级。每个级别的典型特征如下。

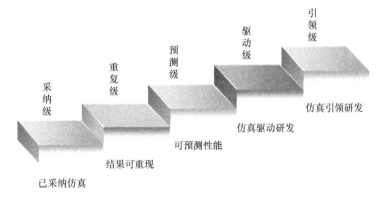

图 3-14　仿真体系成熟度模型

第 1 级——采纳级。典型特征是企业已经意识到仿真的价值，开始采用仿真技术和手段进行一定的产品分析工作，但是基本依赖几种成熟技术。

第 2 级——重复级。典型特征是仿真分析的结果可以重现，企业已经掌握仿真的原理和方法。仿真软件的使用不再是问题，仿真团队开始出现，企业对规范和标准已经有所认知。这一级是典型的中国工业企业所处的级别。

第 3 级——预测级。仿真结果可以预测产品的功能和性能，可替代大部分试验，成为设计依据。此时企业已经建立了仿真规范与标准，并得到较好执行。专业的仿真部门开始出现，部门级仿真平台开始建立。

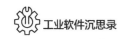

第 4 级——驱动级。典型特征是企业已经实现"仿真驱动研发"愿景，仿真组织体系已经完整，并且成为研发组织的中坚力量。仿真流程成为研发流程的重要部分，规范和标准已经得到制度化执行。仿真软硬件的规划较为完备，选型也趋于科学。综合仿真平台已经升级成为企业设计的主要平台。

第 5 级——引领级。典型特征是仿真体系具有研发体系的领导作用，是企业差异化竞争的要点。仿真人才与组织是研发体系的核心，规范与标准的执行已经成为企业文化，仿真装备的建设已经走向云端。仿真平台引入更丰富的元素，升级为企业级研发平台的主体。这一级别是企业研发和仿真战略发展的最高级目标。

根据该成熟度模型，我们大致可以判断，中国大多数工业企业的仿真能级在 2 级，还有很多在 1 级，衡量企业仿真体系成熟度的几个维度如图 3–15 所示。

典型中国工业企业 ⇩ 仿真体系应该多维度均衡建设！

维度	1级成熟度	2级成熟度	3级成熟度	4级成熟度	5级成熟度
名称	采纳级	重复级	预测级	驱动级	引领级
战略	已采纳仿真	仿真结果可重现	仿真预测产品性能	仿真驱动研发	仿真引领研发
人才	边缘化	人才训练和薪资体系建立	任职资格制度（梯队）	仿真人员成为研发骨干	仿真人才成为核心
组织	个体化	团队工作	形成独立部门	与研发体系的融合	基于仿真的研发组织
流程	无流程	局部流程	完整流程	仿真优化研发流程	基于仿真的研发流程
标准	无标准	基于项目的标准	基于产品的标准	基于流程的标准	标准执行成为文化
规范	依赖大拿	规范梳理与固化	规范数字化与 App 化	规范执行的制度化	规范执行成为文化
软件	单场 / 单学科	单场单学科优化	多场耦合与多学科集成	多场多学科优化	系统级 / 体系仿真
基础 IT	个人机	HPC 软硬件	部门级网格计算	企业资源级调度	企业仿真云
平台	无平台	仿真数据管理	协同仿真平台	综合设计平台	精益研发平台

图 3–15　衡量企业仿真体系成熟度的几个维度

如果企业仿真体系成熟度是 2 级，则其仿真能力分数是 40 分。也就是说，中国大部分企业的仿真能力分数在 30 分左右。在前文，我们给出过一个判断，中国工业企业的仿真刚需是国际顶级工业企业需求的 30%，或者说，如果中国自主工业软件具有国际顶级工业企业软件 40% 的功能，那么大部分中国工业企业的仿真刚需是可以满足的。这一判断的依据就来源于仿真能力体系模型。

如果企业仿真体系成熟度是 1 级，则其仿真能力分数是 20 分。如果企业还在"大拿迷局"中打转，那得分也就大约 10 分。这就是我们在本文开头给出的结论。

2. 成熟度是衡量的标尺，也是进步的阶梯

仿真体系成熟度模型不仅是衡量仿真能级的标尺，也是仿真能级进步的阶梯。所以，我们特意把成熟度示意图绘成台阶的样子。很多企业喜欢评估成熟度级别，但只是把成熟度做成一个对标工具，评估完成就将其放到一边了。其实成熟度的终极作用是提升企业仿真的能力，帮助企业找到下一个目标及进化路线。

根据仿真体系成熟度模型，企业可以有效评估企业仿真设计体系的成熟度及对研发活动的支撑能力，并根据企业研发类型和发展战略目标，确定企业要实现的仿真体系成熟度目标和级别。以此为基础，企业开展仿真体系建设，即从仿真工具与方法、人才与组织、规范与标准等入手进行仿真能力提升。

企业应该以当前所处的仿真成熟度级别为基础，以下一个更高级别的成熟度为目标，有针对性地在不同维度进行均衡建设，不能有短板，也不要在某些维度上盲目冒进，如果试图从一个维度切入并追根究底，这样做的结果是无效的甚至是有害的。无效是指做了多余的事情，有害是指这些多余的事情会扰乱整个体系。

对企业仿真成熟度进行评估，会形成由成熟度模型中各维度构成的雷达图，如图 3-16 所示。在体系建设前，雷达图反映的特征往往是体系建设的各维度能力很不均衡，其表现出来的形状不是正多边形，说明有些维度建设过度，有些维度建设不足。经过两到三期的建设，雷达图会反映两个变化：一是雷达图趋向正多边形，二是雷达图半径增加，表征着仿真体

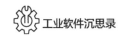

系建设均衡发展，成熟度逐步提升。

维度	战略	人才	组织	流程	规范	标准	软件	基础IT	平台
建设前	2	2	1	1	2	2	3	3	1.6
第一期	3	3.1	2.5	2.8	3	3	3.2	3.2	3
第二期	3.5	3.6	3.4	3.6	3.6	3.8	3.5	3.6	3.7
第三期	4	4	3.9	4	4.1	4	4.2	4.1	4

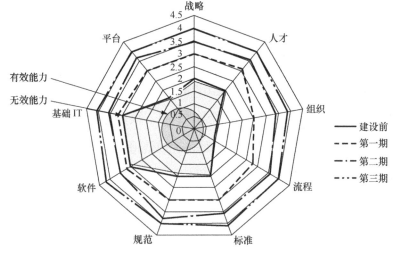

图 3-16　成熟度模型中各维度构成的雷达图

　　"不积跬步，无以至千里"，作为一套为企业赋能的仿真能力体系，其建立不能急于求成。仿真体系成熟度模型的价值在于可以帮助中国企业清醒地认识自身现状，选择恰当的目标，稳步前进。我们鼓励企业设立远大的目标，并分阶段逐步实施。正确的节奏是企业每一到两年完成一个级别的进化。

第8节　如何评价企业的仿真能级

　　在上一节中，我们给出了企业仿真体系成熟度模型，一家企业的仿真体系成熟度昭示了该企业的仿真能级。

本节提供一张典型企业仿真体系成熟度评估记分卡，如表 3-4 所示。它不但能准确判断能级，而且会指出问题和缺陷到底在哪里。知道问题和缺陷在哪儿才能对症下药，才能有实质性的提升。

成熟度评估需要对企业从多个角度进行分析，将能反映成熟度各维度状态的特征分解形成更详细、方便准确量化的特征，然后利用记分卡，对每个特征打分（0 ~ 5 分）。成熟度各维度的总体分值是这些细化分值的加权平均。

表 3-4　典型企业仿真体系成熟度评估记分卡

维度	要素	说明	权重
战略：判断企业对仿真的战略定位	仿真要有结果可展示	无论仿真结果正确与否，必须看上去合理、可行	20%
	仿真结果要能重现	仿真不能随意而为，过程是能被记录和可追溯的	20%
	仿真必须能预测产品行为	仿真必须有标准和规范保障，且标准被标定过	20%
	在该仿真的地方必须仿真	设计流程必须仿真化，且把仿真节点设为强制节点	20%
	没有仿真条件，就不要启动开发	创意必须通过仿真确认后才可以推进，避免浪费时间	20%
人才：评估企业仿真人才的成长和工作环境	基层人员数量	主要评估与设计人员数量之比	10%
	管理层人员数量	主要评估仿真类人员在研发管理层中的比例	10%
	激励：明确的激励制度	针对仿真人员是否有明确的激励制度	20%
	待遇：内外竞争力	仿真人员的待遇在行业内是否具有竞争力	20%
	培训：频率、内容、效果	仿真人员的培训是否合理有效	15%
	任职资格：有无、效果	仿真人员的发展通道是否清晰	5%
	效益：投入产出比	仿真人员是否发挥了应有的价值	20%
组织：评估企业仿真组织的合理程度	独立仿真部门	仿真部门的独立程度	10%
	使命、愿景、价值观	仿真部门管理者的领导力	10%
	部门的话语权	仿真的结论对研发决策的影响度	10%
	职责与价值定义	是否清晰定义部门职责和价值	10%
	考核与激励制度	部门的考核和激励模式是否合理	15%
	部门工作流程	部门工作流程是否完备、清晰	10%

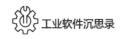
续表

维度	要素	说明	权重
组织：评估企业仿真组织的合理程度	跨部门工作流程	是否清晰定义跨部门的工作流程	10%
	规章制度的完整度	部门的规章制度是否完整	5%
	工作规划的清晰度	部门近、中、远期的工作规划是否清晰	5%
	效益：投入产出比	仿真部门是否解决了实际问题并产生了应有的效益	15%
流程：评估设计和仿真流程的显性化和完备程度	仿真驱动的设计流程	评估仿真融入设计过程的程度	25%
	仿真任务的完备程度	仿真任务数量是否覆盖了研发的需求	20%
	流程任务之间的数据定义	数据是流程的要点之一，评估其完整程度	20%
	流程的应用百分比	流程是否付诸实践	15%
	效益：投入产出比	流程是否产生效益	20%
规范：评估仿真任务识别的清晰和完备程度	仿真任务是否完全	仿真任务是否完整识别	10%
	任务定义的完备度	任务属性的定义是否完整	20%
	输出物格式模板的定义	输出物是任务的重要属性，是否识别完整	15%
	行业规范的匹配度分析	企业规范与行业标准的吻合程度如何	20%
	规范的应用百分比	规范是否付诸实践	15%
	效益：投入产出比	规范是否产生效益	20%
标准：评估规范制定的清晰度、完备性和可用性	标准是否完全（覆盖度）	所有的仿真都需要标准，覆盖的程度如何	10%
	标准定义的完备度	标准的描述是否完备	20%
	标准的试验标定程度	标准需要试验的标定才能准确	15%
	标准是否形成仿真模板	仿真模板是对标准的固化，覆盖度如何	20%
	标准的应用百分比	标准是否付诸实践	15%
	效益：投入产出比	标准是否发挥了作用，是否产生了效益	20%
软件：评估拥有软件的完备度和规划的科学性	软件的完全度	企业需要的软件是否完全具备	10%
	License 与使用者的比例	License 是否足够，与使用者的比例是多少	10%
	软件宽广度和功能深度	软件有很多种，功能不同，能力就不同	10%
	仿真软件的选择标准	选择的标准是否清晰适用，是否做过对标分析	20%
	软件规划的需求来源	仿真软件的规划是否有依据，是否来自业务需求	20%
	软件的应用百分比	购买的软件有多少在用	15%
	效益：投入产出比	软件是否发挥效益，是否产生价值	15%

续表

维度	要素	说明	权重
基础 IT：评估基础 IT 的完备度和规划的科学性	HPC 硬件性能	高性能计算服务器的性能是否足够强大	15%
	调度软件的功能	资源调度软件是否功能强大	10%
	虚拟桌面的使用	虚拟桌面数量是否充足	10%
	云平台是否搭建	仿真云平台是否搭建	10%
	云数据安全性	是否能保证云平台中的数据安全性	10%
	基础 IT 规划的需求来源	基础 IT 的规划是否有依据，是否根据软件需求	15%
	基础 IT 的应用百分比	购买的基础 IT 有多少在用	15%
	效益：投入产出比	基础 IT 是否在发挥效益，产生价值	15%
平台：评估平台的建设范围和深度，以及应用情况	仿真数据管理	相对于 5 级成熟度，此模块覆盖的业务需求程度	10%
	仿真流程管理	相对于 5 级成熟度，此模块覆盖的业务需求程度	10%
	多学科集成	相对于 5 级成熟度，此模块覆盖的业务需求程度	10%
	仿真模板建设	相对于 5 级成熟度，此模块覆盖的业务需求程度	10%
	仿真知识管理	相对于 5 级成熟度，此模块覆盖的业务需求程度	10%
	使用时间比例	平台被使用（或没有闲置）的时间	8%
	使用人员比例	使用此平台的人员占比	8%
	运行项目比例	有多少比例的项目在这个平台运行	8%
	项目数据完整度	所运行的项目是否真实	8%
	所用模块的完整度	平台的模块有多少真正投入了使用	10%
	效益：投入产出比	平台是否发挥效益，是否产生价值	8%

　　特别要说明的是，表中各项不是为了指导企业尽量追求高分，而是希望企业根据客观情况对自己进行打分，因为并不是所有企业都需要在仿真体系中追求最高指标，而应适可而止。最理想的情况是各维度的综合分数与战略维度的分值相当。

　　综合仿真体系成熟度各维度的重要程度不同，各维度权重如表 3-5 所示。

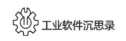

表 3-5　仿真体系成熟度评估记分卡各维度权重

指标	战略	人才	组织	流程	标准	规范	软件	硬件	平台
权重	12%	12%	10%	12%	16%	10%	10%	8%	10%

成熟度的综合得分为各维度得分的加权求和，即：

$$综合仿真体系成熟度得分 = \sum 维度\,n\,得分 \times 权重,$$

企业综合仿真体系成熟度评级根据此综合得分进行评定。

一家企业的仿真体系水晶球最终会表现为图 3-16 所示的雷达图。在企业仿真体系建设之前，雷达图看上去更像是一个水晶石，而不是一个水晶球。综合仿真体系的建设工作就是先打磨水晶石，使之变成水晶球，然后再让水晶球长大，也就是前文所言的均衡化和成熟化的过程。需要提醒一下，球不能过大，其半径扩大应该适可而止，而不是要追求无限扩大。

第9节　仿真大拿迷局的真相

"大拿迷局"形象地反映了中国仿真的困局，它是导致"假仿真"的主要原因。很多读者肯定想问：那大拿迷局是怎么形成的？其背后的真相到底是什么？为什么两个人都是大拿，做出来的结果却不相同，而且两个结果和试验都不相同？既然两个软件都是被确认的可信软件，那么为什么它们的结果不相同，两者与试验也不相同？这是不是代表两个软件还是有优劣区分的？

想弄清楚大拿迷局的真相，我们需要先回到仿真的本质。仿真的本质是：建立反映真实世界的数字化模型，利用这个模型进行计算，获得真实世界中的产品功能和性能参数。因此，仿真过程有项重要工作——模型化。你肯定也听说过设计需要建模，但仿真模型化和设计模型化的要求是相反的。设计模型化的目的是为加工服务，所以要求事无巨细地反映产品的每个特征，绝不遗漏任何细节。而仿真模型化的目的是获得产品功能和性能参数，这需要通过物理学原理计算而来，所以仿真模型化恰恰要求简化，把只反映物理学本质的特征留下来，删去其他特征。多出来的细节不但无助于提取参数，反倒会产生坏影响。其实产品中的很多细节是为加工、维修、使用而设计的，如导油槽、维修孔、扶手柄等。这些特征并不反映产品的物理学本质，如果将它们加入计算，则会徒增工作量，计算规模也会无意义地提高了，最终拖累计算。

有时，结构确实影响其物理学响应，但如果按照真实结构来进行仿真，则既没必要，又会拖累计算，所以这时经常采用等效结构，如梁壳单元、质量单元、弹簧单元等。等效结构与真实结构不同，但在仿真模型中可以用这种结构来等效其物理学响应。

对于不同物理学问题的计算，其仿真模型也不同，因为问题的不同，所以需要保留的模型也不同。如在结构计算时，模型需要保留反映固体力学特征的部分，不会保留空气、水或油这样的介质。而进行流体力学分析时正好相反，模型主要保留反映流体力学特征的空间，如空气或水、油等。如果不考虑传热或者流固耦合，结构模型就不用建立。分析电磁学问题时则要关注导体和电磁源，对非导体一视同仁，不区分模型中哪里是塑料、哪里是橡胶，因为它们对计算结果只有微小的影响。但在结构计算中，它们的影响可就大了。

即使面对相同的物理学问题，虽然简化后的几何模型是一样的，也仍然要关注其单元类型、具体参数、网格密度分布等。此外，还要关注材料属性的选择，物理世界的材料模型有很多种，其属性参数并不完全清晰，往往需

117

要在各种材料模型中做选择，在属性参数上抓耳挠腮。

仿真中的边界条件（载荷、激励和约束等）和初始条件也需要被简化。真实世界的边界条件和初始条件是复杂的、模糊的、混沌的，但在仿真时必须明确下来。有时候真实边界条件无法施加到数字模型上，则需要使用等效模式。真实世界的边界条件和初始条件中还有很多干扰，这些干扰并不是核心影响因素，因此需要在模型化时将其简化、等效或干脆忽略。

总之一句话，仿真模型化贵在简化和等效。简化和等效之后的模型肯定不与真实世界中的相同，所有的仿真结果和真实结果都会有偏差，所以仿真必然是"假"的，凡是宣称追求使仿真与真实世界一致的人，都是自欺欺人，或者是想欺骗他人。

如果我们对产品的物理原理的理解没有偏差，那简化和等效方案是不是就只有一种？不同的人模型化的结果是不是一样的？答案是"非也"。符合物理学的规律，同一个问题的简化和等效方法也可以有很多种。每一种都有其优势和劣势，都有其适合的场景，但这种场景之间的边界也有可能模糊。所以，不同的人选择不同的简化和等效方案，只要不违背原则，就可以使用。但采用不同的等效方案，计算的结果与真实世界的结果偏差程度不同。在有些场景下，某种方法的偏差程度可能是10%，在另外一些场景下其可能是15%。偏差方向也可能不同，有些是偏大，有些是偏小。这些偏差都是合理的、被允许的。这就是为什么不同的大拿对同一个问题用同一个软件做出来的结果却不同，因为他们选择的模型化方案不同。

对于相同的问题，用同一种模型化方案计算出来的结果肯定是一致的，且与真实世界的偏差方向和偏差程度也一致。那些经验满满的大拿们对此心知肚明，不然他也称不上"大拿"。既然知道这些偏差，大拿一方面会修订自己的模型化方案，另一方面也会对仿真结果做一些"手脚"，其实就是对计算结果进行再处理，在后处理中对结果进行一些修订，使它接近试验结果。同一类型的仿真做多了，你会发现，某大拿给出的仿真结果与试验结果越来越相似。大拿就此"封神"！

以上现象也会发生在不同的仿真软件之间，尽管这些软件都是公认的好软件。不同软件采用的几何建立、网划分格、载荷处理、矩阵计算等的底层算法的基本理论有可能不同，因为算法有很多种，即使采用的基本理论相同，其计算策略也会有所差异。这些不同和差异，只要不违反物理学规律和原则，都是被允许的。对于完全相同的模型化方案，即使是相同的人，用不同的软件做出来的结果也会有所差异。这解释了"对一个问题，同一个人用不同的软件做出来的结果不同"的原因。在不同软件之间游刃有余的大拿也深谙这种区别，所以也会进行适应性的调整。这种大拿就是"大神"级别的了。

前面讨论的都是模型、软件和人的问题，现在来看看试验。大拿迷局的第三句话是仿真结果与试验的对比，似乎试验表示的就是真实世界。其实，当你思考得更深入的时候，就会问出一个惊世骇俗的问题：试验的本质是什么？在真实世界中的试验是不是就反映真实世界？

这个问题探到了另外一个实质：仿真替代试验。试验并不能代表全部真实世界，只能代表它自己所占据的一部分真实世界。本质上讲，试验也是对真实世界的仿真，也就是所研制的产品将来运行的那个世界。在试验中，试验对象、试验环境及初始条件都不与产品将来运行的那个真实世界中的一致，它也是一种模拟。

有人说，仿真是虚拟的试验。仿真和试验是对等的两个东西，没有高低贵贱之分，只有先来后到之别。既然试验不能代表全部真实世界，也是一种仿真，那它当然也不能作为判断仿真结果的依据。因此，大拿迷局的第 3 句

话其实是增加了一种新的仿真场景，发现在这个新的仿真场景下，它们并不一致。

既然你在仿真，我也在仿真，那必然有一天不是东风压倒了西风，就是西风压倒了东风。所以，"仿真替代物理试验"才是个有意义的话题。没人说仿真能替代真实世界，至少目前还没有，除非哪一天元宇宙真的实现了。设计人员更信赖试验，经常发现试验还是能准确预测真实世界的，愿意将试验作为他们的设计依据，这是基于社会技术学的试验体系比仿真体系更完备，应用更成熟和有效。所以，仿真何时能替代物理试验，我想我们也应该有结论了。

第10节　仿真当歌，误区几何

"对酒当歌，人生几何！"曹操在《短歌行》中作此感慨。作为一个仿真人，读到此句，我也有诸多感慨：仿真当歌，误区几何！

前文中，我们多次拿"大拿迷局"蹂躏着大家原本脆弱的心，直到大家对此有了免疫力。我们也提出了破解大拿迷局的方案——企业仿真能力体系建设。有了解决问题的方法，想必大家可以心平气和了。今天就端起美酒咖啡，聊聊那些让我们误入迷局的往事。

1. 仿真当歌

长久以来，中国企业和高校在越来越先进和炫目的国际仿真软件面前，竭尽所能，做出了无数效果逼真的仿真结果图片。相比朴素的设计图，仿真图的展现力无疑优势明显，图3-17所示为航空发动机的仿真示意，特别是利用显示屏和虚拟现实（VR）设备时，人们如痴如醉，仿佛能听到仿真欢快的歌声。曹操对酒当歌，我们仿真当歌！但大拿迷局被点破之后，我们不禁要追问"误区几何"。

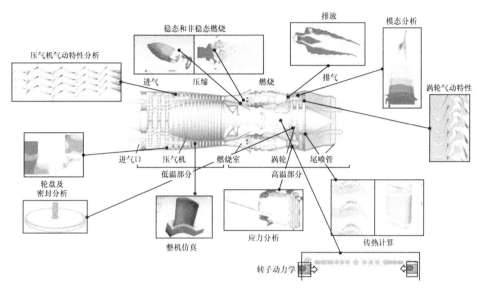

图 3-17 航空发动机的仿真示意

企业对于仿真，有以下观点。

- 要想做好仿真，就要买好的软件，买对的软件。

- 好马配好鞍，要想研发先进产品，软硬件就要先进。

- 能用起来的软件才是好软件，仿真软件精度高才有用。

- 仿真软件是工具，用好工具是工程师的职责。

- 建设仿真平台就是建设企业信息化能力，是信息化部门的职责。

这些观点不仅随处可见，而且被多数人认为是正确的，但其实它们都是误区！这些误区将企业带入了大拿迷局，阻碍了仿真效益的发挥。依照这些观点制定出来的仿真发展方案，企业在实施过程中处处碰壁，最终难以得到好结果。

下文，我们就看看这些误区如何把人们带入迷局，我们又该如何拨

121

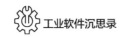

云见日。

误区 1：要想做好仿真，就要买好的软件，买对的软件

企业在进行仿真软件选型时，可谓精挑细选，费尽心机。慎重精选本身没错，毕竟仿真软件很贵，但是，我们需要问几个问题。第一，在经过长周期的采购，仿真软件到货后还有没有用？第二，就采购的选型和评标标准而言，"买最好的软件"和"买满足刚需的软件"之间，天平应倒向哪边？第三，好软件来了，是不是就物有所值，发挥效益？是不是达到了企业的期望？

其实，选择一个具有体系建设思路和能力的合作伙伴比买软件更重要。购买软件是一次性的行为，但合作伙伴却能陪你走更长的路。仿真软件具有求异特性，如果不深入匹配企业需求，那么很难说哪个软件是好软件。具有体系建设思路和能力的合作伙伴不仅能长期帮你分析需求，选型并匹配高性价比软件，更重要的是可以系统规划赋能行动，体系化地完成企业的能力建设，让所购软件充分发挥价值。一个好的仿真体系，所发挥的价值和给企业带来的效益远远大于一套好的软件。更重要的是，软件可以买，但能力是买不来的，必须有正确方法且持续建设才能拥有。也正因为如此，体系一旦建设成功，就建起一道防火墙，将让你的企业具有明显的战略优势，甚至一骑绝尘。

误区 2：好马配好鞍，要想研发先进产品，软硬件就要先进

躲过软件误区（误区 1），你会碰到硬件误区。计算机的硬件相对标准，因此，相比软件的规划配置，硬件的规划和配置要简单些，价格相对于软件来说也便宜些。也正因为如此，企业会买高性能的硬件，以期满足所有的仿真需求。其实，由于仿真软件的复杂性和求异特征，针对仿真的硬件规划与配置要比其他类型应用要复杂。不同算法对硬件的要求并不相同，有些算法要求高速、多核和并行的 CPU，有些算法用 GPU 可提升效率数十倍，有些

算法对内存有巨大需求，有些算法需要高速 I/O……

读者千万别被上面看似专业的分析迷了双眼。我们谈这一误区的主要目的并不是想谈硬件如何选型，过分重视软件和硬件导致的体系失衡才是真正的误区。单纯购买领先于体系成熟度的仿真软件和硬件，并不能提升企业仿真能力。企业仿真体系需要均衡建设，应在同一级成熟度中，从各维度入手，进行全面建设。国内企业最容易犯的一个错误是：在一个维度上深究，特别是在软硬件的采购方面尤为突出，在其他维度上止步不前甚至完全忽视。任何过度建设不仅是浪费，反而可能是有害的。因此，建设仿真体系不仅要清楚从何处入手，更要清楚在何时停止。

所以，相对正确的说法是：好马配好鞍，要研发先进产品，仿真体系须成熟。怕就怕你弱小的仿真体系配不上你超凡的产品理想。

误区 3：能用起来的软件才是好软件，仿真软件精度高才有用

这一误区来的来由是，很多企业购买仿真软件时，都怀揣梦想，憧憬着美好的仿真生活，希望仿真软件的降临让自己的产品性能突飞猛进。哪知期望越高，失望越大。企业遭遇大拿迷局，仿真人员的计算结果总是无法成为设计依据，不仅领导、设计人员、试验人员对仿真感到失望甚至鄙视，连仿真人员也开始信心不足，怀疑自己，缺乏成就感，软件慢慢就被弃之不用了。如果问起"软件用不起来"的原因，得到的答案往往是"软件精度不高，算不出符合实际的结果"。

其实，仿真中导致计算结果不能成为设计依据的真正原因是模型化处理的结果与工程实际的偏差过大或无法追溯。如果算法基本没有问题，那么仿真软件的计算误差与模型化导致的偏差相比，小得根本不值一提。所以，"软件精度不高"其实是个伪命题。当然，如果算法真有问题，那就不叫误差，该叫 Bug 了。

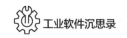

模型化处理包括模型简化、材料模型选择及数据确定、网格处理、边界条件处理、初始值赋值等。结果校核或判据准则的正确选取，也是保证结果可参考的要素，后处理图片其实没有实际意义。对一个问题，模型化处理可以有不同的方案，而且这些方案各有优劣。选择哪一个方案都有道理，这就是大拿迷局的技术实质。但是，对任何一种选择，我们都应该知道计算结果与工程实际的偏差是多少，而且其是可追溯的，是一致性的，这时，这种偏差就可以被标定。企业需要建立一套标准规范，来明确不同模型化方案带来的偏差并做好标定，要求本企业仿真人员按照标准行事，而不是各行其是，这就是大拿迷局的破解之道。

当然，以上标准规范的建立并不是就事论事，而是需要一套体系才能保障其逐步完成。因此，仿真体系是唯一能保障仿真软件真正用起来的基础，仿真软件本身并不具有这个属性。

误区4：仿真软件是工具，用好工具是工程师的职责

企业软件分为两种：工具和平台。企业内基本达成的观点是：平台软件具有流程化、多人员参与、多部门协同、多工具集成等特性，需要企业级部署，所以其建设和应用往往是企业级组织的责任，这个组织通常为信息化部门（信息处、室或中心）；工具软件则是个人级的，企业只负责采购，学习和使用工具软件是使用人员个人的责任。在企业中，仿真软件也被视为工具软件，因为显然它不属于平台软件。

的确，从仿真软件的操作特点来讲，它确实不需要多组织来支撑，工具化的特性很强。但是，实践证明，企业中的任何个人，都无法实现仿真软件的价值兑现，最常见的表现就是"大拿迷局"。在企业中，"大拿"是那些公认的学识渊博、动手能力强的资深员工。这些人竟然也会在仿真世界中迷失，这说明仿真绝不仅仅是个人的事。也许仿真软件是工具，但仿真工作在企业

中绝不可以各自为政。

事实证明，仿真需要体系化保障。仿真的强大作用当然毋庸置疑，但航母再强大，也需要战斗群协同出海才拥有这种力量，否则它就是个活靶子。战斗群中的任何一架装备单独出海，或者缺乏秩序化的合作战斗群出战，别说实现战斗力超强的目标了，能活着回来都很困难。企业把仿真软件买来，将其发放给大拿们了事，无异于把一艘艘航母散养在大海中。我们在前文提出了一套完整的仿真体系建设方法论，这套方法论可以看作航母战斗群的联合作战方案。仿真既然需要形成一套体系，那么就不是几个工程师能搞定的，而需要在组织级层面予以关注。

误区 5：建设仿真平台就是建设企业信息化能力，是信息化部门的职责

在现代企业中，信息化平台是基本配置，企业每年都会在信息化平台方面进行大量建设工作，这些建设往往由信息化部门负责。很多情况下，信息化部门确实可以胜任，只要业务单位配合，则基本可以完成。所以，遇到仿真平台的项目，企业的第一反应也是交给信息化部门来完成。但最后往往会发现，信息化部门遭遇了建设仿真平台的滑铁卢。

很多人给出的解释是"仿真这门学科专业性太强了，信息化部门无法理解"。这种解释有一定道理，但只是看到了表面，且比较片面，过分强调了仿真体系的技术因素。其实仿真体系是"1+3+1"构成的完整体系，技术因素只占 1/5。信息化部门不能胜任的真正原因是企业仿真体系的缺失，而仿真体系的建设既非一日之功，也不仅仅是信息化部门的责任。平台可以提升仿真技术的应用效率，但如果没有体系作前提，仿真平台基本就是无本之木、无源之水。所以体系的欠债迟早是要还的，不要奢望通过仿真平台的搭建来解决仿真核心价值的问题，也不要试图只用平台就想破解"大拿迷局"。

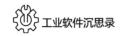

2. 体系为谱

曹操《短歌行》的结尾四句是："山不厌高，海不厌深；周公吐哺，天下归心。"若无体系，企业仿真则既无山，也无海，无周公，无天下，更无归心！

所以，本节的核心应该是：仿真当歌，体系为谱！

漫步云上生态

第四章

一桥飞架南北，天堑变通途。云时代不同以往，不仅让中小企业可以沐浴工业软件的春风，也让工业软件插上翅膀，飞向原本不可企及的庞大用户群。

工业软件上云显然要跋涉漫漫长路，但远水不解近渴。微创上云，能为我们捧上一口甘露，滋润用户、滋润软件、滋润云。

追求理想的上云姿势，是我们的终极梦想，只有它才可以带给我们工业软件上云的所有红利。天路虽长，但值得征战。路，就在脚下。

知识是人类进步的阶梯，也是工业软件发展的能源。在云时代的长尾里，工业 App 犹如一只精灵，衔着知识，飞向开放。

对工业软件来说，微创上云利用云托盘，理想上云采用云原生。在云时代，仿真也许是最先享受这份红利的一种工业软件。CAD 趋同，CAE 求异。云可以充分释放仿真软件的求异天性，其也让这个星球每个角落的人，不分贵贱，都能享受仿真的满汉全席。

截断巫山云雨，高峡出平湖。为了实现小帆板们战胜军舰的梦想，我们需要一个基于云进行合作开发的天台，犹如那个截断巫山云雨的高峡平湖，让中国仿真斗士们可以合力打造那个追梦的方舟。

生态，是工业软件上云的理想模样，只有它才能让工业软件们在云上真正推广应用。工业软件上云，不仅仅是技术上云这么简单。

工业软件上云需要全社会的技术和服务资源共同加持，解决那些在非云时代始终无法解决的难题。

第1节　工业软件上云的矛与盾

回顾往昔，工业软件有千千万，中小企业有万万千，但是它们之间"鸡犬之声相闻，民至老死不相往来"。中小企业对工业软件敬而远之，工业软件对中小企业心有戚戚焉，然心戚戚矣。双方都知道互相之间有门槛，都做过努力，试图跨越门槛，但跨过之后，却发现进入了一间空屋子，没见到对方的半个人影，只能悻悻而归。

它们哪里知道，彼此之间隔着的，看似是门槛，实则是一个时空。原以为跨过门槛就可以相逢相拥，哪知道最多只能时空伴随。我们研究认为，它们需要同时跨过各自的时空门，进入同一个新时空，在那里才能互诉衷肠。这个新时空，就是工业软件云生态。

1. 中小企业使用工业软件有三大门槛

在非云时代，中小企业使用工业软件程度低，主要是由于以下三大门槛，如图 4-1 所示。

图 4-1　中小企业面对工业软件的三大门槛

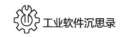

第一大门槛是缺乏资金。很多工业软件的价格高达数十万元，甚至数百万元，中小企业很难拿出这个量级的资金去购买工业软件。

第二大门槛是缺乏技术。应用工业软件需要掌握较深的理论知识和应用经验，中小企业缺乏工业软件相关的技术，应用软件难度大。

第三大门槛是缺乏人才。中小企业的科技人员相对来说比较少，并且还要身兼数职，堪比超人。但正因为他们身兼数职，所以无法聚焦于一件事情，而工业软件的深度应用恰恰需要科技人员专注，这对于中小企业的工程师来说很难做到。

2. 工业软件上云另有三大门槛

终于，我们到了云时代。在云时代，工业软件上云，可以实现云上按需使用、按次收费，大大降低了采购门槛。原以为中小企业和工业软件的蜜月来了，但是理想很丰满，现实很骨感，在实施的时候却遇上了新问题：工业软件上云之后无人问津。仔细研究，我们发现，工业软件上云另有三大门槛，如图 4-2 所示。

图 4-2　工业软件上云的三大门槛

第一大门槛是价值认知缺乏。如前文所讲，工业软件和中小企业的现状是老死不相往来，所以工业软件普及性差，中小企业甚至不知道某款工业软件的存在，更不用提应用了。

第二大门槛是技术门槛高。对中小企业来说，在线下应用工业软件都有技术难度，凭什么在线上它就能用好呢？其实，工业软件赤膊上线，我们更加无法用好它。

第三大门槛是盗版困局。软件不同于硬件。我们必须购买硬件才能使用，如手机和计算机，山寨版的再低端，我们也必须购买才能获得。但是软件不同，其可以通过破解无偿获得。如果可以无成本获得一款软件的话，那么把它放在云上，低价叫卖订阅服务，别人为什么会买账呢？因此结果很尴尬，工业软件上云无人问津。

看到没，当工业软件想放低身段，躬身入局时，中小企业却冷眼旁观。所以，事情似乎不这么简单，直接跨越门槛，并不能拉近距离。

遇到解决不了的问题，摸黑向前，也许不如退回原点，审视问题的本质，也许会有新的发现，拿出来的方案也才具有穿透性。

3. 云时代的工业特征

今天既然被定义为云时代，那必是个新时代。这个新时代与传统时代不仅在技术上有差别。

云时代的工业有一大特征——产品经济转型为服务经济。服务经济有两大特征，一个是技术服务化，另一个是服务开放化，如图 4-3 所示。

第一个特征是技术服务化。过去，我们直接销售产品，而在云时代，产品是服务的载体。说到服务经济，你一定会想到服务型制造。服务型制造的一个典型案例是发动机由卖改租。过去，航空发动机公司将发动机整个卖给飞机公司，现在其直接被挂到飞机上来销售机时，飞机飞一小时，发动机公司收一小时的钱。发动机公司直接对其进行维护，无须航空公司维护。这种租赁方式结算下来，飞机公司、航空公司和发动机公司反而都更赚钱。工业软件也可以采用这种思路，将其放在云上弹性租赁，与其配套的软硬件也可被同时租赁。

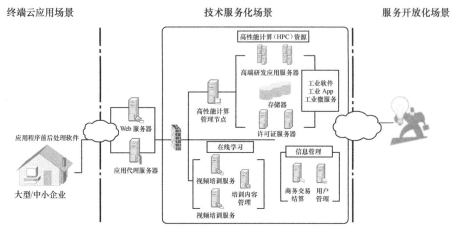

图 4-3　工业软件的技术服务化和服务开放化

其实，在云时代，软硬件相比发动机这样的工业品，更适合技术服务化。经济发展，人的收入越来越高。用人服务，边际成本只会越来越高，这就是所谓"中等收入陷阱"的成因。用人服务，每增加一次服务，就增加一份成本。一旦将技术服务化，用技术来替代人，则边际成本为零。服务增加一次，但成本并不等比例增加，甚至不增加。

第二个特征是服务开放化。过去为软件提供服务的人是开发商自己，或者开发商的代理商。这种方式对大企业来说比较友好，因为大企业支付能力强，对服务的购买愿望比较高。开发商可以直接收取服务费，或者把服务费归入产品报价中。不过这种模式很难直接推广到中小企业，开发商甚至不愿意卖软件给中小企业。提供软件没问题，这样不增加额外成本，但购买软件配套的技术服务，却是一项不划算的买卖。对多数中小企业来讲，没有服务，软件肯定用不起来。如果要求提供服务，那又将是一件尴尬的事儿。中小企业的技术能力相对较低，所以对相同的软件，相对于大企业，服务要求、服务成本反而更高，但支付能力恰恰不高。因此，过去，中小企业群体基本上是不被开发商待见的。

云时代，服务可以开放化，可以由全社会技术专家提供。每个人都可能是服务提供者，每个人都可能是服务的受益者。过去，在开发商处购买的产品，如果开发商服务人员的专业能力与购买方专业能力接近，那么可以提供具有行业化、知识化等专业属性的服务；但如果专业能力差距比较大，则只能提供常规的软件应用服务，很难提供专业化服务。服务开放化后，企业总可以最低成本找到对公司特别了解的服务者，他们提供的服务可能比软件公司的更专业、更精准。

4. 工业软件上云新时空

因此，工业软件和中小企业亲密接触的方案，既不是要求工业软件放低身段，委身中小企业，也不是想要中小企业踮起脚尖，高攀工业软件，而是通过工业云开辟一个新时空，中小企业、工业软件和社会化服务者三方通过不同的时空门进入其中，达到水乳交融的境界，如图4-4所示。

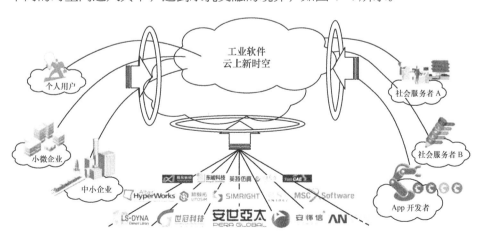

图4-4　工业软件云上新时空

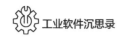

这个新时空，就是工业软件云生态。这里不仅有按需使用的服务化的技术，而且有向全社会开放的精准对接的服务者。技术服务化是工业软件进入新时空的时空门，服务开放化则是社会服务者进入新时空的时空门，而这"两化"带来的工业软件生态化，则是中小企业进入新时空的时空门。

第2节　微创上云：大珠小珠落玉盘

工业软件上云，最理想的做法是 SaaS（软件即服务）化改造。传统工业软件实现 SaaS 化的成本高，改造过程也是大开大合，实乃漫漫长路。但云时代已经到来，云时代的红利时不我待，那么，在完成 SaaS 化之前，有没有捷径可以令人提前享受云时代的红利？

有！云托盘，一个微创上云的捷径！云托盘是一个形象的说法，其本身是一个 SaaS 软件。工业软件无须经过任何改造，即可直接放入本托盘，而托盘自身是坐落在云上的。这样工业软件就被直接拖入云端，成为一个"准 SaaS"软件，浏览器调用云上的所有资源为用户提供应用，而无须在用户本机上安装。

云托盘可以帮助工业软件解决上云必须要解决的问题，如用户管理、授权分时、资源分时、空间分配、弹性计费等问题，云托盘功能架构如图 4-5 所示。这些特性，线下使用工业软件时无须考虑，但是若想上云，它们就成了基本要求。

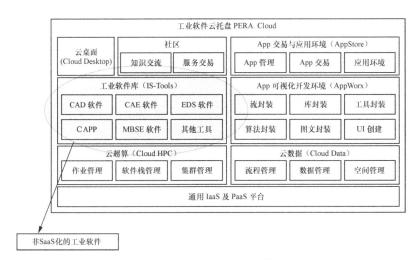

图 4-5 云托盘功能架构

工业软件如此上云，这其实是通过云托盘的 SaaS 化，解决了工业软件的非 SaaS 化的问题，同时还可以满足工业软件的特殊需求，如交互性、图形化、高性能计算、大数据量存储、高传输速度等。

云托盘本身提供工业软件、App 和底层硬件的应用环境，并对订阅该服务的企业进行计费和提供该服务的企业付费，对服务交易进行担保、估价和交易管理，并为开发者提供 App 开发环境、微服务调用和计费服务。所以，典型的云托盘，如图 4-6 所示，应提供以下功能。

- 云桌面：应用人员可进行工业软件交互式操作的平台。
- 云超算：提供大规模求解计算，支持各种仿真求解器及其并行计算。
- 云数据：提供应用数据的个人数据存放和组织（企业）数据的管理。
- 云知识：工业和软件知识在云托盘上被无障碍地有偿分享。
- 云服务：技术服务者可以在云托盘上开店，有需求的人到此购买服务。
- App 开发环境：可调用微服务、算法、求解器，可进行交互式界面设计。
- App 商店：用于工业软件及 App 的上传、管理、下载、配置和计费。

135

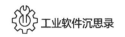

图 4-6　典型云托盘

工业的纷繁复杂，使工业软件种类繁多。不同专业、不同行业和不同应用场景，可能需要使用不同的工业软件。所以即使是同一家企业，也可能需要种类众多的工业软件。一个集团化企业或者一个有多家和多类企业入驻的园区，对工业软件种类的需求则更庞杂。工业软件云托盘可以提供全站式软件，如图 4-7 所示，世界上的任何软件都可以通过工业软件云托盘集中提供给特定对象。当然，这种模式的授权需要工业软件云托盘和这些软件供应商做好对接，建立好生态。

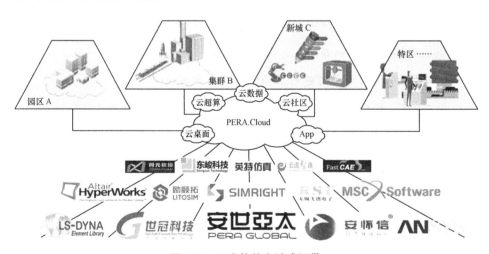

图 4-7　工业软件全站式提供

对中小企业来说，工业软件们就是一颗颗大大小小的珍珠。在没有云托盘之前，工业软件从天而降，便犹针入海，鱼沉雁杳。现在，云托盘出世，于是大珠小珠落玉盘，工业软件可以演奏出美妙的音乐。

第3节　工业SaaS：大开大合为弛张

工业软件 SaaS 化是工业软件上云的彻底方案，能够将工业互联网的红利全部发挥出来，但难度和代价也相应较大。当然，困难的事情，一旦做成，价值和收益也会巨大。

基于工业 PaaS（平台即服务）开发工业 SaaS，如图 4-8 所示。工业 PaaS 是在通用的 PaaS 之上增加工业属性形成的，这些属性由一系列具有工业特性的服务（原子化和服务化的组件）来提供。基于这些原子化服务而开发的工业 SaaS，必然充满活性和自由。工业 SaaS 可大可小，小型 SaaS 还可根据业务流程整合成为大型 SaaS。基于这种开发路线，可以获得和与线下软件功能相同甚至有所超越的工业 SaaS。

如果说过去的大型软件是坚固的城墙，那么现在的工业 SaaS 就是一块块砖。经典的城墙虽然坚固，但也太古板，一旦建成，就很难变身。工业 SaaS 则身段柔软，充满灵性，不仅自身可以快速变化，而且它们之间还可以低成本快速联合形成更大的城墙。

工业 PaaS 更加动态，更加柔性，像水泥、沙子一样具有流动性。能开发什么业务的 SaaS，取决于 PaaS 中有何种业务组件（服务）。PaaS 中的组件不会固定不变，恰恰相反，组件池是面向所有人的汪洋大海，任何人都可以成为组件的开发者和提供者。如此一来，SaaS 如何云卷云舒，PaaS 如何潮起

潮落，取决于社会上和工业中的业务需要，而不是像传统业态那样，被软件和平台约束和绑架。

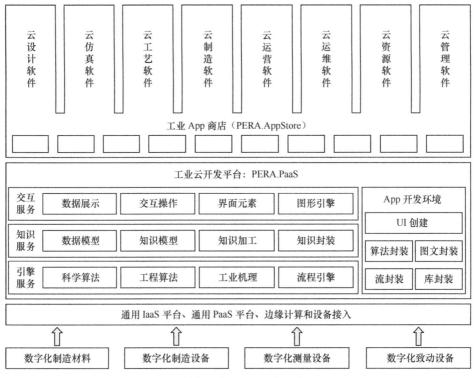

图 4-8　基于工业 Paas 开发工业 SaaS

工业 PaaS 中引入的具有工业属性的组件和服务，包括：①算法引擎，如数学、物理、化学等自然科学的理论算法、工程科学算法、工业机理、工业品模型等；②知识服务，包括通用工业知识、工业行业（如航空、航天、船舶、汽车、电子等）知识的相关组件；③交互服务，如交互操作、数据展示、图形展示等。组件和服务，在 IT 界是惯常概念，比较容易达成。但知识组件、算法引擎等组件，过去都深入和紧密融合在工业软件之中，很少服务化。现在动手服务化，难度自然不小，所以工业 PaaS 的形成难以一蹴而就，乃漫漫长路。工业 SaaS 的开发更需要大开大合，其经济代价和时间成本都很高。

通常，工业 SaaS 是需要覆盖完整业务的软件，其业务流程长，应用场景丰富，软件需求的清晰化具有挑战。因此，我们建议先从工业 App 入手。工业 App 是针对特定业务场景的 SaaS 化小程序。相对于 SaaS，工业 App 业务场景简单而稳定，梳理需求较容易。从工业 App 入手，起点低，难度小，容易见效。

如果你对场景的理解全面，需求清晰，可以直接开发 SaaS。正如前文所讲，还可以利用 SaaS 的灵活性，将多个 SaaS 整合成为大型的 SaaS，这是云的特征和好处。SaaS 之间的关系天然密切，交互容易，甚至不同 SaaS 所使用的底层服务组件是共通的。因此，可以适度控制 SaaS 的规模，不要贪大求全，不要试图在一个 SaaS 中解决所有的业务问题。

App 和 SaaS 之间可以互相协同。App 可以用来弥补 SaaS 的功能不足和场景缺失的缺点，形成"SaaS 打擂 App 补台，SaaS 缺角 App 上场"的模式。你甚至可以用多个工业 App 集成以形成完整业务的 SaaS。

工业知识是工业 App 的源头。为此，我们在开发其他工业 SaaS 之前，先开发了一个知识 SaaS——千伯知识云，其云功能架构如图 4-9 所示，来解决知识的来源问题。千伯知识云除了提供知识管理功能外，还增加了一个特别机制——知识 IPO，用来解决知识分享意愿不足的问题。

除了知识 IPO 引擎，千伯云还提供了另一个引擎——知识图谱。知识IPO 用于"挖掘隐性知识"，知识图谱用于"掘金显性知识"。知识 IPO 会让知识显性化，但是显性知识就一定有用吗？其实，知识再多，如果杂乱无章，则等同于数字垃圾。所以企业有必要进行知识的有序化管理，但又不能依靠人工，通过算法来对知识进行智能化管理是当代知识管理的趋势。知识图谱算法可以自动建立知识之间的联系，帮助我们在需要知识的时候准确定位它。

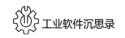

图 4-9　千伯知识云功能架构

第4节　工业软件云，生态路漫漫

工业软件上云，跨越时空之后，将走上一条不同以往的路，路的尽头是世外桃源。这条路，陶渊明说"复行数十步，豁然开朗"，但对工业软件云来说，却是漫漫生态路。

1. 工业软件产业的终极特征：生态化

在云时代，工业发生巨大变化——从产品经济走向了服务经济。服务经济有两大特征，第一是技术服务化，第二是服务开放化，将二者归结为一体，就是生态化，即云时代工业软件产业的终极形态就是生态化。

　　生态化就意味着工业软件上云不再是技术问题或应用问题，不是简单地把技术和软件放到云上，中小企业自觉上云来用，而是全社会各自栽树种瓜、分工协作、果实交易的一派繁忙但惬意的景象。这样的美景，需要通过三步来实现，工业软件云生态如图 4-10 所示。

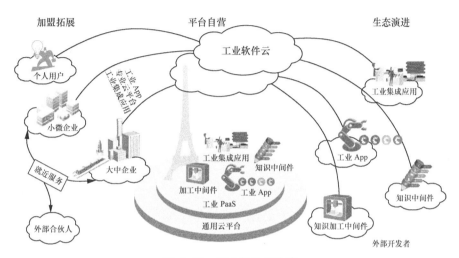

图 4-10　工业软件云生态

　　第一步，称为平台自营。提供平台的公司大概率不会是全新行业进入者，而往往是行业龙头。龙头的两个主要特征就是，一有技术，二有客户，这是生态发展的基础。平台公司将自己的技术和软件上云，把自己的客户请到云上，通过新方式使用传统技术，并提供基于云的新型服务。目前，客户、平台，以及内含的工具、App、知识都自行发展，建立种子生态，这一阶段称为播种期。当然，通过云模式，相较于传统模式，客户范围会变得更大，可以延伸到无尽的远方。

　　第二步，称为加盟拓展。设计和仿真软件这样的复杂工业软件，是典型的 B2B 模式的应用。与 B2C 云不同，B2B 模式无法完全摆脱就近服务，特别是在生态发展的初期。完全依靠平台，很难发展大量的就近服务团队。因

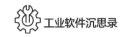

此，外部服务提供者将是一支重要的力量。如何让这些外部团队忠心耿耿地为本平台用户提供服务，对云生态来说，这是需要认真考虑的问题。这需要发展一系列新的利益分配模式，其中一种流行的模式就是把就近服务团队变成外部合伙人。合伙人指他是平台组织的一部分，但他并不是平台企业的真实成员，所以我们称之为"外部合伙人"。

第三步，称为生态演进。除了拓展用户和就近服务团队，我们也希望有另外一个方向的拓展，即更多的人为这个云提供技术组件、SaaS 开发、App 开发、工业知识、线上服务等。随着用户群的增加，软件、技术和技术服务的需求都会增加，平台公司的供应能力毕竟有限。同时，更多技术、软件和服务加入云，才能吸引更多用户进入生态。我们把这些新技术和应用的开发者称之为"外部开发者"。

云模式最重要的特征之一是让平台两端形成正向协同效应。也就是说，左端用户数量的增加会吸引右端出现新进入者，反之亦然。加盟拓展端和生态演进端就是工业软件云的两端，平台主最重要的责任就是让这两端产生最高性价比的正向协同效应。

2. 基于工业软件云生态的"双创"

在工业软件云生态中，我们提到两个"外部"：外部合伙人和外部开发者。这两个"外部"是形成云生态的原动力，是云生态发展的关键。只有他们才能创造新价值，不仅是对平台，对他们自己也是，这就是所谓的基于工业软件云生态的"双创"模式。

所谓"双创"，其实就是指平台公司的外部人员可以在平台上创业，这也是由云时代的产业特征决定的。在线下时代，企业的业务是相对固定的，变化速度比较慢，伴随它的企业组织模式也是相对固定的金字塔结构。但在云时代，业务会快速变化，不停产生新的利润点和价值点，原有的价值点和利润点会消失，这种价值的快速变迁要求组织也要快速响应。云时代的组织像水一样，称为"水样组织"，其特征是可快速聚散。当价值出现的时候，对应组织出现，实现价值，拿到利润；当价值和利润消失时，组织自动解散，没有成本负担，没有流程牵绊。组织之间能够找到价值点就合作，价值点消失就解散，这是一种小微合作制。而且这个过程是自驱动的，成员的收入不取决于平台，而由成员自己决定。业务靠利益来自驱而非平台，这是只有云时代才会出现的模式。总结来讲就是：数字时代，机会云卷云舒，价值潮起潮落，组织有聚有散。

3. 工业软件云生态的价值

基于以上分析，我们将工业软件云生态的特征和价值总结为以下几点。

第一，知识和应用自生长。云生态初期，知识和应用可能很少，提供局部服务，更多的角色加入之后知识和应用会自然增加。

第二，全社会服务资源对接。不只是供应商的工程师去服务客户，而是全社会的服务资源都可以来服务客户。

第三，随时随地，软硬兼备。一家企业或者个人不再需要配置软件或硬件，只需要使用浏览器就可以使用云上的大型资源，而且是软硬兼备的资源。

第四，高性能计算资源无限。过去，一家企业想要使用高性能计算机不容易，这对于个人来说更是一种奢望。但是基于云则不同，可以在瞬间调动无限多的云上资源为你服务。

第五，软硬件资源精益使用。这么多的资源被调用，却能精益化使用。这看似是个悖论，那么多的资源还能精益吗？而这恰恰是云带来的好处。即使是再多的资源，其短时间内的使用成本都不高，只要企业有真正需求，瞬间调用相关资源，使用完后瞬间归还，就不会浪费资源和经费，即精益化。

第六，知识通过软件化积淀。过去知识都保存在个人大脑里、书本上、

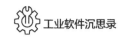

零散文件等媒介中。如果不经过系统化沉淀，知识会随着人才的流失、企业的变迁而消失。如果其通过软件化沉淀下来，就会变成企业资产被永久留下来。

第七，应用资产的持续积累。在未来，使用软件时产生的数据都是高价值资产。个体使用应用软件的时代，这些资产会慢慢流失，而在云上使用软件则会使其留下来。

4. 潘多拉魔盒还是阿拉丁神灯

以生态思维看，工业软件上云之后，并不代表我们什么都不做，中小企业的问题就能迎刃而解。恰恰相反，穿越时空门之后，你面临的往往是百业待兴。工业软件云降低了生态门槛，让我们有了拨云见日的机会。机会出现后，摆在我们面前的，恰恰是大量的工作，而且每一件都需要从头做起。

云桥飞架之后，对中小企业来说，是出现了一盏一擦就亮的阿拉丁神灯，但对像笔者这样的工业软件界的战士来说，却是打开了潘多拉魔盒。不过，不经历风雨，怎能见彩虹。磨难再多，也无法摧毁那个留在盒底的"希望"给我们的坚定信念！

第5节 云生态的种子该种在哪里

前文提到，建立生态需要让平台两端产生正向协同效应。如果我们只是简单地把软件放到云上，期望中小企业自发到云上用软件，社会化的服务资源自发到云上提供服务，那基本上是空想。如果没有服务，任何形式的软件对中小企业的技术人员来说都存在使用难度。而在中小企业尚未大量成为云用户，也就是服务需求尚未成规模时，社会化服务资源也无法成为云的守望者。显然，这成了另一个"先有鸡还是先有蛋"的迷思。因此，让平台两端产生正向协同效应并非易事。

工业软件的朵朵白云，遇到中小企业的茫茫大漠，仍不免像水滴沙海，它们之间很难产生共鸣而形成生态。你很难通过少数几个资源形成一个可自动演进的生态。面对一个通用市场，你会发现放入多少资源都嫌少，发展多少用户都不够。为此，我们提出：聚焦特定领域，降低生态门槛，选择一个行业或一个专业来做种子生态，就像地球生命产生之前的那个神来之笔——蛋白质分子。分子会演变成种子，种子会慢慢成长为生命，最终发展成生态。因此种子生态是建立大生态的基础。

当我们聚焦一个行业或专业时，可以明显降低生态门槛，使很多问题变得简单。这种特定领域也许是一个行业（如压力容器），也许是一个专业（如电子散热）。这种特定行业或专业（领域）的工业软件云具有"软件具体、需求明确和对象精准"的特点，具体表现在如下几个方面。

（1）在一个特定行业或专业中，有限的几款专用工业软件就可能覆盖行业或专业需求。

（2）特定行业和专业的工业产品类型也相对集中，涉及的专业也非常具体。

（3）在特定行业或专业中存在一些非常具体的需求，很适合通过工业软件云满足。由于这些需求具有可枚举的特点，因此制作种子 App 便非常容易。

（4）特定行业和专业的企业非常明确，可以被指名。这些企业可以被定向发展成为工业软件云的用户。

（5）特定行业相关管理机构很具体，这些机构是工业软件云平台可以战略合作的对象，工业软件云可以成为这些机构的技术支撑平台。

（6）特定行业中影响力大的服务机构很具体，可以与之建立技术合作关系。

（7）特定行业的专家很明确，可以由特定机构来组织。这些专家可以很快发展为服务的提供者，而且服务精度和质量都非常之高。

（8）特定行业或专业的用户数量虽然不多，但需求很聚焦。少量的服务、工具和 App 就能服务较大数量的用户，业务的性价比也许更高。

我们曾经在通用工业软件云上开发了数个微生态，压力容器云平台就是其中一个。该平台是一款为压力容器研制企业的技术人员、供应商及用户提供服务的工业云平台。平台包括但不限于如下特性。

- 通用软件方面，本行业常用的 CAE 软件和 CAD 软件各提供两款。
- 专用软件方面，采用 SW6、LANSYS、NSAS 等本行业常用的软件。
- 具备压力容器行业专用的 App 池。
- 具备压力容器行业专用数据库。
- 促进本云平台应用的行业规范与标准。
- 具备知识和服务交易平台，邀请行业专家入驻并为用户提供服务。

本平台不仅为压力容器研制企业的技术人员提供支持，其供应商和用户也可通过该平台获得确切的价值。

我们开发的与压力容器云平台类似的微生态还有电子散热微生态、模具行业微生态、电机行业微生态、汽车行业微生态等，它们的开发思路和处理方法相似。

第6节　工业App是生态中的精灵

不管工业软件生态是潘多拉魔盒还是阿拉丁神灯，工业 App 都是个不寻常的存在，它犹如一只精灵，衔着技术，飞向开放。它是工业技术服务化和服务开放化的综合体，不仅解决了工业技术标准化的问题，还解决了服务标准化的问题，对工业软件云生态发展起到重要作用。

《连线》杂志主编克里斯·安德森（Chris Anderson）在《长尾理论》一书中解释了为什么在传统世界中每个领域只能留存少数几个产品，其他众多产品却几近消失。即使那些产品是有用甚至免费的，仍然无法摆脱消失的命运，过去，工业软件也是如此。

《长尾理论》认为，线下市场的货架资源、营销资源、获取成本都有限，使得无论卖方还是买方，在成本和利润原则驱动下，最终都选择了几种最能满足大众需求的产品，没被选择的产品就只能消失。这种状况在互联网时代被改变了。在互联网上，货架无限大，不同产品的获取成本差别不大。在这种条件下，虽然营销资源充足的厂家及其普适产品能获得较多订阅，但同时数以亿计的小众软件也有生存空间，因而被保留了下来。工业 App 就是这样的小众软件。

工业 App 市场就是工业软件的长尾市场，工业软件云为 App 提供了生存空间。在主流软件满足主流需求的同时，工业 App 可以满足小众需求。其实，在传统工业软件业务中，App 这样的理念和技术并不算新鲜，在工具软件上进行二次开发就可以得到这样的工具，其也在企业中经常被用到，但我们鲜见这种工具被长期留存和广泛流传，甚至以前没有人称之为 App。工业 App 的开发者通常是小型开发者甚至是个体开发者，在传统技术和商业模式下，他们过去开发的软件通常是自己使用，因为没有渠道让他们的成果流通，没有机制让他们赚到钱。但在工业软件云时代，这种渠道和机制出现了。

首先，工业软件云上的 App 货架无限大。与物理世界不同，数字世界没有空间边界，与你相关的 App 可能无法直接排列在你面前，但绝不会没有空间安放，而且这种安放的成本基本为零。

其次，通过分类、搜索、排序、推送等功能，App 可以灵活地触达它的目

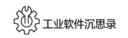

标用户。特别是在 AI 时代，每个人面对的云上货架都是自动化订制的，是平台根据用户画像按用户需求推荐并自动排列的，远不是物理世界所能比拟的。

再次，当 App 在工业软件云上被注册时，其报价和利益分配机制同时被约定，在使用 App 过程中计费、付费和分配可以自动完成。这种机制很好地解决了 App 开发者的报酬问题。

最后，App 的开发采用广泛合作模式，而不是传统的单打独斗模式。工业 PaaS 中，开发环境、算法、接口、封装器等微服务可以由任何人有偿提供。App 的开发者只需要拥有知识和经验，不需要掌握太高深的开发技术，直接使用这些服务，就可以开发出高水平的 App。

因此，工业软件云时代才可能出现真正的 App 产业，工业软件云生态才会孕育出工业 App 生态并将其不断壮大。

相反，如果没有工业 App，传统工业软件的使用率将大打折扣。膀大腰圆的传统工业软件在云上不仅动作笨拙，而且功能和菜单拥挤成铁板一块，让使用者望而生畏。工业 App 则可以将笨重的全功能工业软件隐藏在轻灵的 App 界面之后，调用起来润物细无声。

因此，工业 App 和工业软件云之间的关系就像鱼与水的关系。工业 App 是鱼，工业软件云是水，鱼无水则无法生存，水无鱼则生态环境无法良性循环。

在工业软件云上，工业知识的提供、微服务的开发、工业 App 开发及工业 App 应用构成了一个特殊生态，是工业软件云生态的一个具有特别意义的子生态。

你最好的服务者或咨询者往往是你的同行。这个人也许是掌握了某种绝技的工程师，你的难题对他来说易如反掌。也许他在地球的另一边，但他在业务和知识上是离你最近的人。工业 App 便是这种咨询或服务的最好载体，解决了知识交易中的不确定性问题。

　　工业 App 交易与应用环境（App Store）面向第三方开发者开放，且允许第三方开发者入驻。工业 App 的开发者通过交易环境将 App 注册在工业软件云上，同时约定 App 的订阅价格和利益分配机制。在工业软件云上，App 的使用时长会被记录，计费和缴费机制保证用户按照开发者的要求按时按次地支付费用，并在开发者、平台及被调用的关联软件之间，按照约定的分配机制进行利益分配。

第7节　知识并非工业App的核心

　　有人说，工业 App 是工业技术软件化的产物，是对工业知识的封装，所以，知识是工业 App 的核心。这话只说对了一半。

1. App 是短小精悍的 SaaS

　　相较于工业 SaaS 的大开大合，工业 App 是一种短小精悍的存在。工业 App 作为一种特殊形态的工业 SaaS 软件，是运行于工业云的、服务于特定工业场景的小程序。

　　工业软件通常功能丰富且技术复杂，对应用人员技术能力要求高，面向专业需求和工程应用要求。工业 App 可以将商业软件的通用性、灵活性与技术规范的专业性和严格性相结合，提高工业软件的易用性和有效性。

　　企业特定岗位人员使用工业软件的场景往往是特定的，大而通用的软件并不好用，其非但不能直接解决问题，而且不通过长时间学习根本无法进行有效应用。工业 App 是在大而通用的软件之上，对特定工业知识和技术的定制化封装，是只适用于特定情况下的小程序。这种小程序对使用者来说却是最有效的，通过简易操作它，问题就直接被解决了，甚至使用者不需要学习，

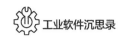

不需要了解其背后的技术和知识。我们经常称它为"软件机器人",因为它的应用对象确定,功能单一,使用简单,应用效果好。

2. App 的核心是工业标准

图 4-11 展示了工业 App 的形成过程,是一个 App 全生命周期的技术和管理过程。本过程包括市场需求、业务抽象、App 开发、App 发布、升级和废止等阶段。

业务抽象是工业 App 形成的核心阶段,是在 App 开发之前将预封装业务进行抽象的过程。抽象的目的是增加工业 App 的普适性。一项具体业务需要经过分析归纳、特征提取、标准化和规范化,最后抽象成普适过程。业务抽象包括软件应用过程调试、过程普适化改进、技术和知识要素梳理、技术与知识加工、业务标准梳理等步骤。

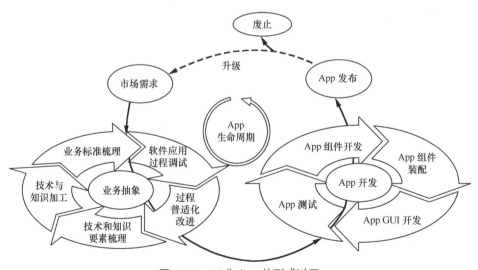

图 4-11　工业 App 的形成过程

从图 4-11 中的 4 个关键过程看,业务抽象过程是工业 App 开发的关键阶段。虽然技术知识要素梳理是其重要阶段,但将知识提炼总结变成普适知识,进而形成业务标准才是工业 App 的核心。标准才有封装的必要,不然工业 App 的适用范围过于狭窄，近乎无用。泛知识无所不在，总结提炼使其成为标准，却难上加难。因此，工业 App 开发虽然表现为软件开发，但其核心价值在于业务标准的总结和封装。

3. 工业 App 的价值特征

图 4-12 所示的 4 层汉堡结构，反映了工业 App 的价值特征。最底层是标准工业软件，它与自然科学关系最密切，所以容易标准化和普适化。最上层的业务平台直接反映客户业务需求，它把业务需要的所有技术和软件整合为完整流程。

业务平台 ——————————— 面包，营养

工业 App ——————————— 芝士，美味

二次开发平台 ——————————— 牛肉，耐饿

标准工业软件 ——————————— 面包，营养

图 4-12　工业 App 的价值特征

二次开发平台是标准工业软件的延伸品，目的是拉动标准软件业务。工业 App 基于二次开发平台（也可称为 App 开发平台）开发，被业务平台嵌入客户业务中，是业务平台的增强因子。因此，无论工业 App 开发平台，还是工业 App，虽然都难以独立存在，但对业务平台和标准软件的增值都具有不菲的价值。

4. 工业 App 的典型实例

工业 App 是针对特定工业问题的专用工具，提供专用的操作界面，内置了标准规范、模型参数、荷载工况、计算设置、结果评价准则等，针对特定问题可以实现快速解决，并确保结果的可信和可靠，可以规范有序地完成相关任务。

我们曾在各行业积累了大量工程实践，通过技术咨询和定制开发形成了大量工业 App。图 4-13（a）、（b）展示了某电子产品跌落试验 App 及混合动

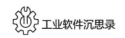

力系统智能设计 App，图 4-13（c）、（d）展示了车辆转向架多工况强度设计
App 及电塔智能设计 App。这些工业 App 均提供了专用界面和计算参数，并
自动完成计算工程、工况组合和结果处理。

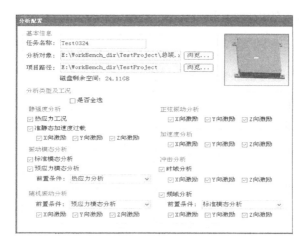

（a）某电子产品跌落试验 App

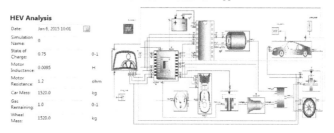

（b）混合动力系统智能设计 App

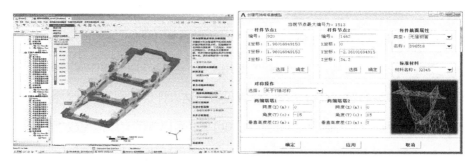

（c）车辆转向架多工况强度设计 App　　　　（d）电塔智能设计 App

图 4-13　部分工业 App 案例

在仿真体系建设过程中，企业可以形成大量工业 App。我们在某个发动机项目形成了包括但不限于以下的工业 App：一维工作工程计算、缸内三维燃烧设计、缸盖强度设计、连杆强度设计、机体强度设计和动态特性设计及低速机运动件机构运动学设计等。

我们在电子行业服务过程中也形成了大量工业 App，包括光学透镜设备振动试验设计、球面密封设计、电子机箱等设备振动试验设计、IGBT 散热和结构强度计算、悬挂式整流器抗震分析、电力电子元器件散热分析、电子机柜强度分析以及疲劳分析、设备支架振动分析、手机屏幕撞击分析、电子设备振动试验设计、压电风扇流固耦合分析等。

航空、航天、汽车、机车、石化能源、压力容器等行业和工业品都可以根据各服务需求形成工业 App。

第8节 基于知识云沉淀企业知识

知识增值和数字化加工的前提是员工人脑的知识计算机化，这是组织知识管理中的重点和难点。解决本问题的要点是对知识贡献者进行合理激励，科学的知识评价是知识激励的前提。本节融合了投融资思维和云计算（互联网）思维，提出了一种"去中心化"但又"负责任"的知识评价的方法——千伯 IPO，并介绍了知识激励算法。该方法不仅可以识别知识的价值，还可以识别企业中的优秀员工，不仅能达到对知识贡献者进行激励的目标，还可以为职称评定和管理者选拔提供数据支持。这一体系及知识云平台的建立，可以自然形成知识型组织和学习型组织。

1. 最有价值的知识在人脑

对一个组织来说，知识管理和知识工程的价值是毋庸置疑的。很多组织也已经开展了相关工作，但各组织的收效却有天壤之别。除了所采用的技术、方法和管理方案不同外，知识的拥有者——员工的知识贡献激励的差异，也是导致知识工程效果差异的关键因素之一。

基于技术社会学的知识工程体系模型，将"人"这一因素放在了关键位置。很多组织正在用多种技术和方法来利用显性知识——那些已经被整理和发表的知识。但员工大脑中的知识才是组织最具价值的知识，这类知识有一个特点——隐性化，如果员工不能或不愿整理和发表，它们就无法成为组织大规模应用的知识。绝大多数组织愿意增加对人力资源的投资，但如何将人力资源管理与隐性知识管理结合作为组织新的竞争力的研究做得仍不充分。

知识工程体系是研发型组织能力建设的一部分，需要组织日复一日、点点滴滴积累而成，没有捷径可走。但很多组织一直幻想有一条捷径，希望世界上存在一项"聪明"技术，让组织的知识积累可以自动完成，而不愿意激励技术人员花时间总结整理。我们不否认技术的重要作用，但更强调人在知识工程中的主体作用。我们实践发现，在建设知识工程体系这件事情上，看上去越"聪明"的组织，在知识积累上越是原地打转。那些老老实实按照既定路线梳理知识、加工知识的组织，反而在知识工程的道路上越走越扎实。

2. 对知识贡献者的负激励

我们建议，在人力资源管理过程中，从隐性知识的显性化角度，激励员工贡献隐性知识。但目前，多数组织的绩效评价中没有与知识贡献相关的维度。通常来说，如果在组织的绩效评价体系中缺少某个维度，员工就不会主动发生某种行为，也不会带来相应结果，这是零激励。但对于知识管理领域，如果没有激励体制，这将变成零激励，甚至负激励，也就是说，组织在惩罚那些贡献知识的人。

当然，这么怪异的规则不可能是明文规定的，而是潜规则。在我们的多数组织内，个人的基本工资是确定的，年终奖是浮动的，其是根据当年完成项目的情况来确定的。也就是说，一个人的收入多少是与项目贡献挂钩的。如果你把你的知识贡献出来，别人学会了，那么你的项目就可能被他抢走，你的项目奖金也会相应减少，这就相当于惩罚了你。

所以，在很多组织中，对贡献知识的行为是负激励的，谁贡献知识就惩罚谁，这是由激励机制的缺陷决定的。这个缺陷就在于：激励只针对项目（或成果），不对知识贡献进行激励（或补偿）。这个缺陷其实被很多组织的领导意识到了，但一直没有找到好的解决办法。所以，组织购买或开发了知识管理软件，却不能聚集真正有用的知识。

3. 知识激励缺失的原因

实践证明，对知识贡献者的激励不仅仅是给贡献知识的人发奖金这么简单。笔者曾经在服务企业的过程中遇到一个典型案例：一家企业规定"贡献一条知识奖励 300 元"，于是，一夜之间知识平台上出现一万多条知识，一改前一天没有一条知识上传平台的状况。但研究发现，这些知识中的绝大多数是从某些资料中复制到平台上滥竽充数的。企业领导组织专家来评审和认定这些知识的价值，有价值的知识才兑现奖励。先不论所谓"有价值"的评判好不好做和能不能做，单就这一万多条知识的数量，就把这件事拖进了泥潭。最后这条"贡献一条知识奖励 300 元"的规定不了了之。

其实，专家组做知识价值评价，除了工作量瓶颈外，还有很多其他弊端。

① 评价标准无法统一，很难用一套标准来客观衡量各种知识的价值。上

155

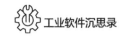

述案例中，专家组花了很长时间都没能确定评价标准，多数指标的争议很大。不同于自然科学，社会科学和工程实践中的知识价值的判断有巨大的主观属性，专家组很难提出大家公认的客观标准。

② 为数不多的专家无法覆盖所有的专业领域，没有标准就会导致误判。对于人数有限的专家组来说，个别人的误判就可能导致结论错误。

③ 专家组是由人构成的，而人有可能因为各种原因有意做出某种倾向性误判。

由于专家组没法短时间做大量评审，因此有些组织采用互联网常用的大众"点赞"方式来评价这些知识。但实践表明，在这种情况下，个人很难认真地点赞，多数人也会在此过程中送人情，因为不用负任何责任，对于点赞者来说，他们不会损失什么。所以，这种"廉价点赞"评价出来的知识往往没有真正价值。员工不会认真对待自己贡献的知识，组织也不会认真对待点赞的结果。

因此，不是组织不愿意激励知识贡献者，而是组织没有公平的激励机制。准确来说，是没有方法多快好省地评判知识价值。

4. 科学的知识评价方法

以上两种做法其实是知识评价的两个极端："专家组"评价方法是负责任的、中心化的，"廉价点赞"方法是不负责任的、去中心化的。"负责任"是优点，但"中心化"必然成为瓶颈。"去中心化"可以突破瓶颈，但"不负责任"就失去了评价的意义。

针对以上难题，针对隐性知识的挖掘，我们提出了一种博采众长的知识评价方法——千伯IPO，一种"负责任的去中心化"的知识评价方法。该方法利用"有偿点赞"的方式来评价知识，其原理如下。

① 把知识视为股票，用虚拟知识币（在该体系中称为千伯币）通过"点

赞"来投资"好知识"。所谓"好知识"，是多数人认为有价值且使其踊跃投资的知识。

② 投资了好知识，投资者将赚钱，否则投资者将赔钱。所以投资者有动力对知识价值进行甄别。

③ 获得投资多的知识就是好知识，贡献此知识的人能收入相应的千伯币。

④ 组织将根据员工获得千伯币的数量，对员工进行相应的物质奖励和惩罚，奖惩方法包括但不限于经济奖惩和职务升降。

之所以说该方法是一个"负责任的去中心化"的方法，是因为千伯币是有价值的，任何投资行为都影响投资者的真实盈亏，所以，投资者在投资之前会认真甄别知识的价值。本方法并没有从技术维度来甄别知识的价值，而是利用"货币"这样一个最直接的价值载体来完成这一使命。

对于那些贡献了有价值的知识的人，我们固然应该不吝啬于对他们的奖励，但如果深入一层来看，知识之所以能被正确评价，是因为大众的力量，准确来说，一批具有慧眼的人识别了那些有价值的知识，才使得知识 IPO 方法得以良好运转。所以，这些人同样值得奖励。

在千伯 IPO 中，有价值的知识贡献者称为"千里马"，把识别了知识价值的人称为"伯乐"，这就是我们为什么把这套方法称为"千伯 IPO"的原因。千里马是那些经常发布好知识，从而因此获得较多投币（千里马币）的人。伯乐是那些经常认真甄别出好知识，并且投资这些好知识从而获得较多返币（伯乐币）的人。

图 4-14 展示了某项知识发布后，不同角色的收益及该知识的收益比（总收益／总投资）随着跟投数增加的趋势图。这个激励机制算法中增加了对千里马的阶段性奖励，所以千里马收入会出现阶跃现象。

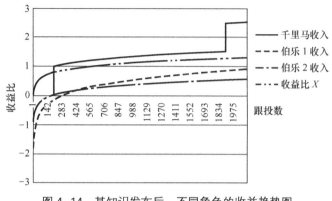

图 4-14 某知识发布后，不同角色的收益趋势图

5. 评价知识的同时识别人才

在组织运作千伯 IPO 一段时间之后，将出现 3 个榜单。

① 知识榜。通过获投的千伯币数量来衡量，投资收益比越高，说明知识的价值越高。

② 千里马榜。通过获得千里马币的数量来衡量，获得千里马币越多的人，对知识的贡献越大。

③ 伯乐榜。通过获得伯乐币的数量来衡量。获得伯乐币越多的人，是越具有慧眼的人。

这 3 个榜单在组织中都有特定的用途。

① 知识榜的用途：有价值的知识是员工学习的材料，高价值的知识往往是组织标准规范的素材来源。

② 千里马榜的用途：该榜单中的人都是业务骨干，或者是具有业务骨干潜质的人。任何组织中都有两种人，个体贡献者和管理者；所以，人才也有两个发展和晋升通道：专家序列和管理者序列。千里马榜中的人，应该是专家序列晋升的首选。

③ 伯乐榜。这个榜单中的人都是独具慧眼、知人善任的人，是组织中具

有管理才能的员工，应该是根据管理者序列晋升的首选。

因此，通过千伯 IPO，组织获得的不仅是有价值的知识库，还伴随产生两个人才库：业务人才库和管理人才库。这两个库中人才的能力虽不能说与其挣得的千伯币数量百分之百匹配，但至少提供了一种参考或佐证，这种方式比以往凭感觉评价人才多了一项客观数据维度。在每个组织中确实有一批真正怀才不遇的人，他们可能因为各种原因被埋没，与其鼓励人们举贤荐能，不如提供一个平台让这些人毛遂自荐并脱颖而出。

因此，千伯 IPO 提出一个口号——知识变现人升值，千伯拔萃见贤才。也就是说，千伯 IPO 不仅是隐性知识挖掘的手段，而且是人才识别的方案。

6. 激励机制变革是前提

如前文所述，千伯币具有实物价值，其实物价值由组织的激励机制来保障，即员工挣得的千伯币影响其收入或晋升。也就是说，千伯 IPO 生效的前提是企业激励机制的变革，需要在激励机制中增加知识贡献激励的要素，让知识贡献价值与组织的物质激励和职务职称评定挂钩。

激励机制中一些常见的改变包括以下方面。

（1）增加一项规定：凡是组织内的员工或部门，都有责任为自己和本部门的千伯币增值。千伯币增值大小决定本人和部门的奖励。

（2）组织设立年度知识奖（现金），奖励个人和部门。

（3）修订组织的现有奖励机制：最终奖 = 项目年终奖 × 知识系数修正 k，其中，$k=1+x×$ 个人千伯币 / 年度最高千伯币，x 是政策系数，用来临时调整知识激励的强度，以配合企业的战略和政策。

（4）修订组织现有的个人职务和职称评定制度。

① 职务和职称的评定，以千伯币总增量的设定值为起点。

② 职称评定，以千里马币的设定值为起点，以年度增量为保持条件。

③ 管理者（职务），以伯乐币的设定值为起点，以个人年度增量为保持条件。

④ 现有职务和职称，以年度知识增量的设定值为保持条件。

（5）修订现有的部门及其管理者评价体系，以部门人均知识资产及年度增量为指标。

7. 支持千伯 IPO 的系统

千伯 IPO 的运作涉及知识发布、投资、数据跟踪和统计等，是个比较严密和复杂的过程，需要一个嵌入了投资回报算法及激励机制的数字化平台支撑。

千伯云平台是用于支撑基于千伯 IPO 的知识挖掘与知识管理的平台。该平台的盈利模式是：平台免费，知识收费。也就是说，组织在平台上积累的知识越多，价值越大，收入越多。

千伯 IPO 的运作还需要变革组织的激励机制，需根据组织特点建立该机制，如组织的人才数量、专业结构和业务特征等，所以，在千伯云平台上线前，需要一个针对企业激励机制变革的、为期两天的轻咨询。

8. 自然形成学习型组织

需要补充的是，千伯 IPO 并不要求知识必须是发布者本人的原创。其实，整理外界有价值的知识并引入平台同样应该受到欢迎和鼓励。千伯 IPO 也鼓励大家对组织内部材料或他人的知识进行整理和发布。在千伯 IPO 中，千里马币只归属发布者，而不管该知识来自哪里，以鞭策那些有知识但不愿或懒于贡献的人。

千伯 IPO 为打造学习型组织提供了一个天然方案。绝大多数领导倡导组织成为一个学习型组织，但至于如何让员工持之以恒地学习，似乎没有有效办法。千伯 IPO 中，员工为了甄别知识的价值，必然要对拟投资的知识进行阅读，所以，员工在投资过程中就已经完成了对知识的学习。随着千伯 IPO 方案的实施，组织会自然转变为学习型组织。

另外，除了知识工程，千伯 IPO 还可以应用于其他方面，如创新提案、合理化建议、选举和竞聘等。

探底数字江湖

第五章

"给我支点，我能撬起地球。"在阿基米德那个时代，杠杆只能是情怀，浪漫只能是支点。而今，撬起数字化世界，杠杆够长，支点够强。工业软件就是那个杠杆，支点则是仿真，熠熠生辉的数字孪生技术冉冉升起。

杠杆，相比其撬起的重物，价格区区，但价值斐然。支点更是隐形于市，却当量惊人。工业软件撬起工业领域的 GDP，但它却是幕后英雄。工业软件延伸到数字化江湖，必将对视深渊，遭遇风浪。

今天，新技术频出，新词汇也随之而来。MBSE、大数据、物联网、云计算等技术的歌声还在回荡，工业互联网、数字孪生、元宇宙的旋律又此起彼伏。

不管词多新，最终都像齐天大圣，逃不出如来神掌，最终被收归五行山下。数字化转型神掌，虚怀若谷，上善若水，以超强的包容力，请江河入海。

正向设计，昨日踏出一小步，今日冲破围栏，奔腾的风帆已起。明日的船头，向着巨浪的方向。

工业研发，昨日精益转型，今日正向变革，明日智慧革命。数字化航程，乘风破浪正当时。

增材制造，昨日制造为王，今日设计革命，明日的工业新品种，将带着生物的经纬，编织一个新世界。

数字孪生，昨日蹒跚学步，今日步步生莲。遥看明日，生命体的灯塔发出微光。

数字世界，滚滚而来。全球工业，趋势如斯。中国制造，转型升级。高质量之梯，在数字中国高高悬起！

第1节 工业软件驱动数字化转型

工业软件的使命就是要驱动企业实现数字化转型。数字化转型的本质是数字化技术驱动的业务变革，工业软件是数字化技术最重要的组成部分。工业软件通过准确且深刻地嵌入业务全体系中，对业务流程、业务构件和业务资源进行数字化改造，达到驱动业务变革的目的。

1. 数字化转型的业务分析

工业软件纷繁复杂，每一种技术都有其使命，技术需要和企业相关业务同频共振才能产生应有的驱动作用。所以，对企业进行业务环节、管理体系和资源体系分析，是企业数字化转型的首要工作。

任何一家相对完备的工业企业，其业务体系都有 3 条线：主营业务、业务管理和业务资源，如图 5-1 所示。

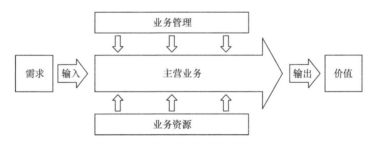

图 5-1 工业企业业务体系的 3 条线

（1）主营业务包括需求调研、研发、生产、营销、供应和运维等，是企业的核心，是一家企业存在的价值和使命，企业接纳需求，开展业务，输出价值，其能否做久，取决于能否持续给社会创造价值。

（2）业务管理包括数据、需求、质量、项目、市场等贯穿业务阶段的全生命周期的管理，保障企业在规定时间，按照规定质量，在规定的成本下，

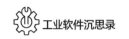

完成规定的产品，是企业提高效率、降低成本、达成目标的手段。

（3）业务资源包括知识、设备、采购、人力、成本、财务等支撑主营业务的、贯穿全生命周期的资源，是企业业务能力的保障，也是竞争力和优势的直接体现。

我们通常讲，企业要做大做强，业务管理用来做大企业，而业务资源则用来做强企业。

2. 工业软件嵌入业务体系

在理想情况下，这3个维度的各个业务阶段、各个管理领域及各种业务资源都具有相应工业软件的支持和驱动，基于企业经营视角的工业软件图谱如图5-2所示。

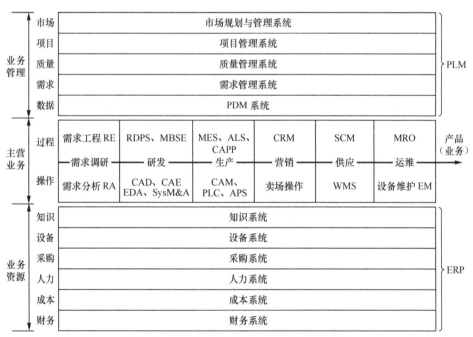

图 5-2　基于企业经营视角的工业软件图谱

主营业务体现了由多段价值环节构成的价值链。每个阶段对应不同的工业软件，一般来说这些工业软件不会重叠。每个阶段可能需要包括单项操作的工具软件和多项操作集成过程软件。

业务管理是全周期、覆盖全流程的。过去，不同软件进行不同业务的管理，现在逐渐归并成更大的范畴——PLM。因此，PLM狭义上是一种软件，广义上属于管理类工业软件范畴。

业务资源同样是全周期、覆盖全流程的。过去，不同软件进行不同资源的管理，现在逐渐归并成更大的范畴——ERP。同样，ERP狭义上是一种软件，广义上属于资源类工业软件范畴。

业务资源和业务管理之间并非完全不重合，因此，准确来讲，企业业务体系不是独立的3条线，而应该是三维坐标系，基于企业经营的三维坐标系的数字技术图谱如图5-3所示。三个维度分别代表主营业务、业务管理（PLM）、业务资源（ERP），本图更真实地反映了企业的业务结构。据此，企业可形成立体化的数字技术图谱。

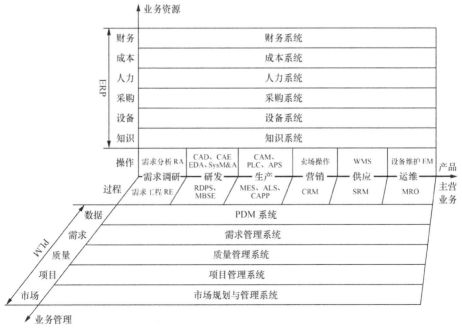

图5-3 基于企业经营三维度的数字技术图谱

167

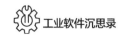

3. 数字化转型"转"什么

总结来说，数字化转型其实就是从企业经营的 3 个维度出发，利用工业软件对企业进行全面转型和改造。具体来讲，就是做 3 方面的数字化改造工作：业务创新、管理变革和资源重构。这 3 种数字化改造都是以数据工程为基础的，但又各自针对性升华为不同的特定工程，并与数据工程迭代递归实现企业驱动和进化。

业务创新是指依据工业软件提供的新型能力重新设计业务模式，对新型业务模式中的流程、技术、知识、工具、质量等业务内容进行梳理，按照数字化业务的要求进行补充、优化和改变，并对这些业务要素数字化，以便工业软件及平台上线后直接支撑研发工作。在业务创新过程中，各业务环节的数字化模型的建立是要点，模型工程是业务创新中的重要工程。根据业务数据总结模型，数字化模型应用产生新数据，利用数据分析技术改进模型。

管理变革是指根据业务模式的数字化转变，进行组织机构对应职能的调整及从专业角度重新划分组合，并进行配套的组织、流程、标准和规范建设。确定新型的数字业务体系各业务构件建设、运行和维护所需的组织结构、人力资源、分工和主要绩效目标等，其通常也称为组织保障。在管理变革过程中，各管理体系的数字化流程的建立是要点，流程工程是管理创新中的重要工程。根据信息流转需求建立流程，数字化流程运转产生新数据，利用数据分析技术优化流程。

资源重构是利用工业软件对企业的资源进行重构，形成支撑新型业务体系和新型管理模式的新型资源。需要引入各类工业软件，如建模与仿真、MBSE、扩展现实（XR）、云计算、大数据、AI 及物联网（IoT）等，对数字化资源进行解构和重构，使其具有开放化、共享化和智能化特征。根据企业数字化新型业务模式，确定与各业务构件相适应的数字化资源，建立数字化系统和协同平台，实现数字化的业务要素、管理模型、智能资源协同整合，形成生态体系。在资源重构过程中，各资源的数字化知识的总结是要点，知识工程是资源重构中的重要工程，根据资源特性总结知识，知识应用产出新数据，利用数据分析技术升华知识。

第2节　信息化在左，数字化在右

"数字化"一词被提出后，在很长一段时间内不被重视。很多人认为"数字化"只是"信息化"换了个名字，是新瓶装旧酒，或者只是下一代信息化技术。也有人认为"数字化"是"软件"的泛化，工业数字化被认为是工业软件的泛化。直到最近几年，"数字化转型"的出现，才让"数字化"一词火热起来，被人们重新讨论。

"数字化"一词热起来后，似乎把在中国大地上驰骋了 30 年的"信息化"一词蒸发了。人们不再提信息化，羞于提它，甚至有意无意地贬低它。有人给过去的信息化方案穿了件数字化外衣行走天下，如果把其中的"数字化"3个字替换成"信息化"，那么里面 90% 的内容似曾相识。其实，信息化和数字化是既有区别又紧密联系的两个概念。懒于区别两者，会让数字化成为信息化的翻版，阻碍进步和创新；割裂两者，会让数字化转型既失去基础，又缺乏目标。

1. 司左与行右

一个时代有一个时代的潮流，我们既要与时俱进，又不能忘了历史，不然就会迷失于当下。在信息化浪潮中冲浪过的人，面对数字化浪潮，会充满

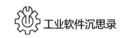

疑惑，似乎难以区别过去的信息化和现在的数字化。没有在信息化中冲过浪的人，面对纷繁复杂的数字化局面，眉毛胡子一把抓，总是缺乏章法，不得要领。

信息化和数字化就像人的左右脑，信息化司左脑之职，数字化行右脑之事。当我们掌握了明确的机理、完备的初始条件（初态）和边界条件（环境）时，可以用信息化帮助我们提高效率和质量。当我们的研究对象超越了我们的理解，机理、初始条件和边界条件不完备时，则需要用数字化来突破我们的局限，实现创新。"逻辑会让你从 A 点到 B 点，想象力会让你到任何地方。"爱因斯坦的这句话说的就是这个意思。

2. 信息化司左

我们所在的世界包含三类系统：第一类是自然物（如星系、生物等），第二类是人造物（如机器、生产线等），第三类是组织体（如企业、联盟等）。人类始终致力于研究这三类系统的运行规律，以期获得明确的机理。具有清晰的初始条件和完备的边界条件时，用明确的机理来运算就能获得确定性的结论，人们根据这个运算结果做出未来事物发展的判断。

过去，人们掌握了类似 $F=ma$、$E=mc^2$、工程经验公式、机器工作原理、生产执行策略、政治经济学、企业管理学等规律。基于这些规律，计算机一出世，人们就迫不及待地开发了相应软件，于是科学计算、工程验算、MES、ERP、PLM、PM、MRO 等软件相继涌现。这些软件的出现，大幅度提升了人类工作和生活的效率和质量。从 20 世纪 90 年代开始，这股浪潮变得尤为迅猛。我们将那个年代称为"信息时代"，很具中国特色的"信息化"一词也是从那时开始出现的。

之所以用"信息"一词，是因为我们掌握了机理之后，只需要将少量的数据输入软件，就可以获得足够好的反馈。这些少量的数据就是初始条件和边界条件。大量复杂的计算工作和数据流转，在软件内部就完美无误地完成了。信息是在控制论中大行其道的概念，"信息"的本义就是指对大量数据进行提炼总结而形成的最有价值的少量"数据"。利用信息得出明确的机理、清晰的初始条件和完整的边界条件，你便可以开发一个自动化系统，机器就可以完成过去由人来做的工作。

3. 数字化行右

不幸的是，人类对自然物、人造物和组织体这三类系统运行规律的研究还很不完善，对这个世界 99% 以上的机理、边界条件和初始条件的掌握都不完备。人们现已掌握的机理，只是这个世界规律中非常少的一部分。一台机器的工作原理看似明确了，但其中还有很多机理尚不明确。企业运行的规律更是如此，不然就不存在"管理不仅是科学，更是一门艺术"这一模棱两可的说法了。而且，即便掌握了事物的运行机理，我们在确定边界条件和初始条件的过程中也会遇到很多挑战。

如果机理、初始条件和边界条件三个中有一个不清晰，运算结果就基本靠感觉了。在信息化时代，遇到这种情况都绕着走，但人类现已掌握的信息终有一天会被用尽。那些信息化资深人士会发现，信息化带来的边际效益越来越低，这是因为能明确的机理、初始条件和边界条件都已经进入信息化系统了，但仍然还有很多问题没有被解决。此时，信息化遇到了瓶颈，上升通道被堵住了，价值曲线无限接近一条水平线。

当然，人类从来不会坐以待毙。信息（包含机理、初始条件和边界条件）都是从大量数据中总结提炼而成的，不管这种数据完整还是不完整。其实，信息的提取恰恰就是人类中的聪明人通过并不完备的数据抽象提炼总结而

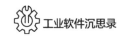

成的。在信息化时代，大众几乎忘了这一事实——直接使用既有的信息来完成工作。但那些聪明的少数人始终是清醒的，科学技术在不断发展，他们发现新科技，特别是大数据与人工智能（AI）技术可以在海量数据中总结出具有一定明确程度的机理、初始条件和边界条件（姑且称为"准信息"），而且随着数据量的增加和进一步分析，"准信息"越来越明确。准信息更接近纯数学的表达，未必像人类总结的信息那样具有显而易见的物理意义和业务含义。但在一定范围和条件下，准信息反映的规律确实接近真实世界的规律。也就是说，新科技让人们可以回归到信息的本源——数据层面，发现靠人脑不曾发现的机理，并总结机理需要的初始条件和边界条件。于是，数字化的大幕被拉开。如果说信息化以明确信息为前提，那数字化则以海量数据为基石。数字化看似绕开了明确信息，却走通了信息化曾经绕开的路。

数字化的前提，是尽量完整地将研究对象从实物转换为数字化模型。当然这里指的是广义数字化模型，而不仅仅指形体的数字化，我们把能反映实物特征和属性的所有时空关系的数字化表达都称为"数字化模型"。当物理世界数字化之后，就可直接从大千世界的数据出发，来获得我们需要的机理、初始条件和边界条件，哪怕是准信息也好。因此，数字化是在信息化走到天涯海角时又被搭建的桥梁、船舶或飞行器。

CAE 是首先走上数字化道路的技术，其次是 CAD，两者均通过建立全息模型的方式实现了对产品数据的充分利用，并通过分析和计算扩展获得隐含和潜在的数据。最近出现的大量的数字化应用是在生产制造、运行维护、企业管理、数字经济等方面，利用完整的生产数据、供应链数据、运维数据、企业数据、经济数据来预测以前 MES、ERP、MOR、CRM、SCM 等信息化软件不能覆盖的场景，深挖数据中的信息，实现业务和管理的突破，耳熟能详的预测性维护便是典型实例。凡此种种应用显示，当物理世界能全面数字化表达的时候，人类的所有工业及经济的梦想——工业4.0、工业互联、智能制造、数字孪生、元宇宙、数字经济和智能商业等，似乎近在眼前，触手可及。

4. 信数相较

显然，我们不能左右不分。没有以信息化为基础的数字化是无本之木，就像大楼缺少了地基，终将倾倒坍塌，落得个白茫茫大地真干净。数字化、信息化的欠账迟早是要还的。企业以工匠精神先把已经明确的工业机理和业务模型梳理清楚，并使其在信息化系统中到良好运行，然后再利用数字化对其进行创新发展，这才是数字化转型的正确姿势。"转型"二字，不仅代表了物理世界向数字世界的转变，更代表了信息化向数字化的转变。因此，奉劝那些试图跳过信息化阶段直接进入数字化的人，通过数字化来补救一切是痴心妄想，很可能因弯道超车而翻车。

如此看来，先有信息化，后有数字化，那是不是意味着数字化就比信息化高级一些？非也！数字化其实是一种递归，是信息化遇到发展瓶颈之后的回归本源，但又不是简单的返璞归真，而是事物螺旋式发展的一次高层次的回归。

信息来源于数据，那是不是意味着信息比数据高级一些？非也！信息最终会转化为常识，没人认为只掌握常识的人是高人。信息也终会转化为流程和规则，只知按章办事的人，在组织中称为普通工作人员。高瞻远瞩的人，也就是那些企业领袖、行业翘楚、社会贤达及科技人才，往往是那些跳出现有信息框架，在高维度和宽视野的数据中用敏锐直觉感知未来的人。其实，一个组织中，任何一个层级的正职都应该具有这种直觉，因为感性和直觉才是创新的通路，而拓新是正职最重要的职责。

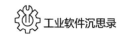

5. 左右相成

组织的决策是用两个脑配合来做的。我们固然不能唯感性和直觉，但也不能唯理性和逻辑，更不能依赖理性。理性只能让我们在已知的范畴内、舒适区内做事，而在未知领域、无人区、焦虑区只能靠我们的感性和直觉去探索和开拓。决策要追求均衡，权衡利弊，方能让收益最大和损害最小。因此，在已知的范畴，我们恰恰追求感性和直觉，以促进创新，这是在充分理性的基础上用直觉来开拓新天地。在未知的范畴，我们恰恰要追求理性和逻辑，收集更多的数据，用数据说话，来巩固创新的成果和质量，完全靠感性和直觉一定是会吃亏的。

因此，我们这里谈左右，并不是要把信息化和数字化对立。恰恰相反，从数据中识别总结确定性信息（机理、初始条件和边界条件）是数字化的使命，人类终究还是要像牛顿、爱因斯坦那样取得真正的具有物理含义和业务意义的终极模型，才能获得实质性的进步。使用数字化手段识别出来的信息需要进行另一次递归，最终还要回归到信息化中来。有人说数据可以帮助人们消除不确定性，其实数据本身并不是不确定性的终结者，从数据中获得的信息才是。所以，我们不能因为有数字化手段就选择"躺平"，完全依赖数据做任何业务，而是应该千方百计地从数据中获得确定性的规律，尽量放大我们业务中信息化参与的比重而不是相反。数字化是我们梦寐以求的创新和发展，但信息化是我们赖以生存的、质量和效率提升的直接手段。也许，考核数字化团队的指标，应不仅看其数字化工作拓展的广度和深度，而且要看其将数字化成果转化为信息化的比重。质量与创新的交替进步和螺旋上升，是人类和工业的进化与发展的基本模式。不妨把信息化和数字化看成智慧工业 DNA 的两条链，缺一不可。

最后需要说明一点，无论如何强调数据的重要性，数字化转型终究还是要以人为本。信息化以员工的职业素养和契约精神为前提，数字化以员工的学习能力和创新精神为目标。从这个角度，"一把手"工程才讲得通。过去常说信息化和数字化是"一把手"工程，要求一把手关注一个信息化或数字化项目，并要亲自使用信息化软件或数字化平台，但这其实是与一把手的特质、定位和职责相违背的。

第3节 知识在前方，智慧在远方

前文将数字化转型的本质总结为"数据利用方式的转型"，但对于研发体系的数字化转型来说，我对此不以为然，这是因为数据对于研发来说远远不够，研发的驱动力另有其他。

信息化在左，司左脑之职；数字化在右，行右脑之事。那一往无前的是谁？对，就是知识！是它在一直探索通向未来的智慧之路。所以，先忘掉你的派系吧，无论你站在哪一派，向前才有未来。我们终究不能停留在数字化阶段，因为数字化转型的终极目标是智慧化，而知识才是通往智慧的阶梯，在研发设计环节尤为如此。针对这一结论，知识管理界著名的模型——DIKW 模型给出了相同的暗示。

1. 知识管理界的神模型

DIKW 模型堪称知识管理界的神模型，是表达数据（Data）、信息（Information）、知识（Knowledge）及智慧（Wisdom）之间关系的模型，一般的知识管理体系经常引用此模型。该模型将数据、信息、知识、智慧纳入一种金字塔形的层次体系，每一层都比它的下一层具有一些新特质，如图 5-4 所示。该模型通过原始观察获得数据，分析数据间的关系获得信息，并在行动上应用信息产生知识，在不确定（模糊）场景下灵活运用知识产生智慧。智慧映射未来，它含有暗示及滞后影响的意味。

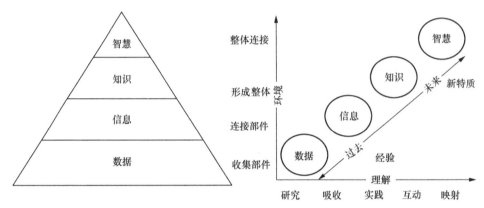

图 5-4　DIKW 模型：数据、信息、知识与智慧的关系

通过 DIKW 模型分析，可以看到数据、信息、知识与智慧之间既有联系，又有区别。数据是记录下来可以被鉴别的符号，是最原始的素材，未被加工和解释，无法回答特定的问题，没有任何意义。信息是已经被处理、具有逻辑关系的数据，是对数据的解释，这种信息对其接收者具有意义。

知识是从相关信息中过滤、提炼及加工而得到的有用资料。特殊背景或语境下，知识将数据与信息、信息与其应用之间建立有意义的联系，它体现了信息的本质、原则和经验。此外，基于推理和分析知识，还可能产生新的知识。

目前，智慧只是人类所表现出来的一种独有能力，未来的机器（软件）也许会发展出类似的能力主要表现为收集、加工、应用、传播知识的能力，以及得出对事物发展的前瞻性看法。在知识的基础之上，通过经验、阅历、见识的累积而形成的对事物的深刻认识、远见，智慧体现为一种卓越的判断力。

2. 智化源自知识工程

从人类历史的视角来看，研发的终极价值并不是很多人想象的那样，只是为了创造新产品，而是为了知识的进化，产品只是研发知识进化的载体。就像生产果实并不是为了生物存在，而是为了繁衍与进化，果实只是生物繁衍和进化的工具，是基因的载体。产品是研发的副产品，就像果实是生物繁衍和进化的副产品一样。产品不会是一个组织终极的竞争力，但知识是。产品会消亡，但知识不会。一代产品消亡，会有新的产品产生，但这代产品其实只是以前知识的新载体。研发过程本质上是基于旧知识创造新知识的过程，是人类所从事活动中知识密度最高的过程。创新（或创造）是研发过程唯一看重的价值，而所有的创新（或创造）活动都是基于知识的。

虽然知识是智化（即智慧）的源泉，但知识不会自动变成智慧，这一特点在研发过程中体现得相当明显。研发过程是利用现有知识创造新知识的过程，智慧研发的本质就是将研发过程的海量知识经过增值加工，形成大量的智能知识插件（或称为App），并将其嵌回研发过程中。此类知识天然具有与业务工作环境互动的特点，可直接与相关研发工具建立关联，使其与设计活动紧密融合，直接参与研发和设计工作。研发过程中，这类智能插件越多，智能化程度越高。因此，在智慧研发中知识工程的核心就是对知识进行增值加工，使其形成智能知识插件（App）。

在智慧研发知识工程中，我们将研发资源分为实物类、数据类、信息类、模式类和技术类，并推荐各自的资源加工方法，分别是电子化、标准化、结构化、范式化和模型化；对于所有资源，可以用大数据技术加工，我们称这种技术为全息化加工技术，被加工后的资源形成智慧特征，如图5-5所示。

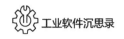

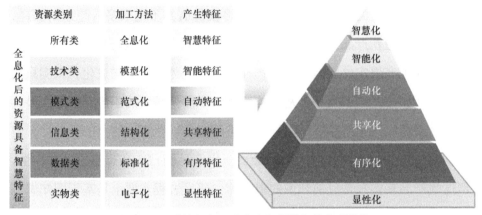

资源类别	加工方法	产生特征
所有类	全息化	智慧特征
技术类	模型化	智能特征
模式类	范式化	自动特征
信息类	结构化	共享特征
数据类	标准化	有序特征
实物类	电子化	显性特征

（全息化后的资源具备智慧特征）

智慧化
智能化
自动化
共享化
有序化
显性化

图 5-5　研发资源加工后产生知识特征并实现增值

这些加工过程其实是对知识级别的提升过程，我们称之为知识增值过程。不同的知识应采用不同的加工方法实现增值，图 5-5 中指出了各类资源的具体属性、加工方法、产生特征等，这种知识增值路线比 DIKW 模型中的更具有实践性和可操作性。

总结来讲，对知识进行增值加工可明显提升知识的价值，尤其是其包含的智慧的价值，包括以下几个方面。

① 实物的数字化提升知识的显性化程度。显性化程度越高，越接近业务应用，实用性越强。

② 数据的标准化和信息的结构化提升知识的共享化程度。知识显性化提升效率，知识共享化带来创新。

③ 模式的范式化和技术的模型化提升知识的工具化程度。工具化程度越高，自动化和智能化程度越高。

④ 知识的全息化提升知识的智慧化程度。知识层级越高，智慧程度就越高，知识的价值越大。

第4节　数字化转型的底层逻辑

目前为止，"数字化转型"还有很多未确定的含义和不统一的概念，人们莫衷一是，无所适从。人们看到各种数字化做法，也看到很多转型案例，褒贬不一，众说纷纭。之所以如此，笔者认为是因为"数字化"一词的核心本质、底层逻辑和顶层思维没有被识别出来，所以企业只能头痛医头，脚痛医脚，就事论事，感觉数字化转型有很多事要做，也有很多种做法，但又不知道哪些事是该做的，哪些做法适合自己，更不知从何做起。要明白数字化转型的底层逻辑就要理清楚到底是什么在驱动企业数字化转型。数字化转型有千种技术、万种方案、无穷表象，但万变不离其宗，探究清楚其稳定不变的底层逻辑，对我们建立正确的转型蓝图和路线大有裨益。

1. 能源利用方式的变化催生了工业革命

人类工业发生过多次革命。我们认为，工业数字化转型和研发数字化转型与工业革命有异曲同工之妙，对工业革命的研究有助于我们理解数字化转型。

《第三次工业革命》一书认为，人类有多次工业革命，都是能源利用方式的变革而导致的，如图 5-6 所示。

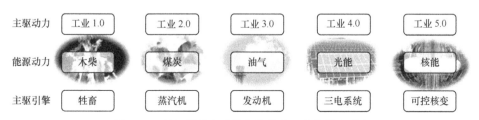

图 5-6　能源利用方式的变革带来工业的数次革命

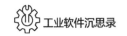

人类所能利用的能源终究还是与太阳有关，太阳内的核聚变产生了能量，太阳变成了这些能量的载体。木柴是植物的根茎，煤炭是埋藏在地表不太深处的植物经历复杂的物理、化学变化形成的，油气的形成环境更复杂。太阳能的终极来源是核聚变，人类目前已掌握了低效的核裂变，但核聚变才是更高效的能源来源。

2. 数据利用方式的变化催生数字化转型

如果说，人类对能源利用方式做了何种转变，决定了工业发生了何种革命，那么，人类对数据的利用方式做了何种转变，决定了我们做了何种类型的数字化转型。能源是原子工业的动力，而数据则是比特工业的动力。人们曾经用能源的消耗量来衡量原子工业运行的强弱，今后，将用数据使用量来衡量数字工业运行的强弱。原子工业的能源以太阳为载体，数字工业的数据则以工业硬件（计算机、机器、物联网、传感器等）为载体，同时根据工业原理，并借助硬件产生新数据。人类社会中的原子工业发生过数次革命，这也预示着，数字化转型将不止一次，人类利用数据的方式将会不断进化。

这就是我们把数据与数字化紧密关联在一起的原因。工业数字化转型普遍把"数据"作为抓手，认定数据是制造业数字化转型的驱动力，"数据工程"是其核心工程。依笔者来看，数字工业利用数据的方式有5次转型：知化、秩化、治化、智化和织化，即5个"zhi"，并由此引发多次数据工程，作为数字化转型的5个引擎工程：数据归仓、数据管理、数据治理、数据智能、数据织锦，最终促成工业的5次数字化转型，如图5-7所示。

在数据利用方式的五次转型中，中间的"三化"，即秩化、治化和智化，是当今制造业数字化转型中最需要和最常见的模式，中国工业的数字化转型也必然是这三种状态的并存。

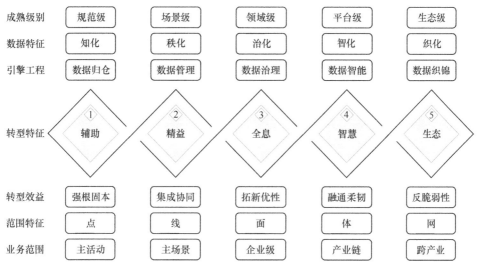

图 5-7　数据利用方式的变革带来工业的数字化转型

数据的"秩化"。在这个过程中，通过类似 PDM、PLM、MES、ERP、MRO 等传统信息化系统，将企业原本无序的数据有序化，并且同一系统之内的数据可以高度结构化。每个系统具有界限分明的明确使命，所以数据也具有明显的边界。因此，需要通过流程协同和数据集成手段，来实现企业内关键业务之间的整合。通过企业级业务智能（BI）手段实现全局精益。在这个阶段，针对数据的改造往往被称为"数据管理"。

数据的"治化"。在这个过程中，通过产业互联网平台的横向、纵向和端到端的互联互通，将各信息系统、各企业、全产业链内的数据进行高度集成和融合，系统间、企业间、全链内的数据边界被打破。通过建立全息化的数据模型来支持链内的融通化的业务模式，通过全局商业智能（BI）技术进行链内全局优化。在这个阶段，针对数据的改造被称为"数据治理"。

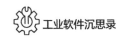

数据的"智化"。世间产业本无限，天下数据本无界，只要跨越甚至无视边界的技术，便能正本清源。大数据和机器学习就是这样的技术，其在无差别的海量数据中，充分挖掘深层智慧。在"智化"过程中，利用人工智能系统，即兴化和自主化地跨链建立模糊化、水样化和用后即逝的业务生态和数据生态，恢复本无界限的产业生态的真面目。也许，机会云卷云舒，价值潮起潮落，组织聚聚散散，才是人类美好生活本来的样子。在这个阶段，针对数据的改造称为"数据智能"。

新工业利用数据的方式3次转型，决定了工业数字化将会有3次转型：数据的"秩化"将带来"精益转型"，数据的"治化"将带来"全息变革"，数据的"智化"将带来"智慧革命"。

3.知识利用方式的变革催生研发数字化转型

如果说，数据利用方式的改变决定了工业数字化转型的类型，那么，知识利用方式的改变，则决定了研发的数字化转型。如果说，数据使用量可以衡量数字工业的强弱，那么，知识使用量则可以衡量研发的强弱。数据是数字工业的动力，而知识则是研发的动力。如果说工业数据以工业硬件为载体，那么工业知识则以工业软件为载体，同时根据人的意识运转，并借助工业软件产生新知识。因此，研发数字化转型的本质是"研发知识利用方式的转型"。

知识看上去往往以数据的形式存在，但它和数据的差别是，在其产生过程中有人的意识和思维的参与并进行了创造性活动。数字工业社会利用数据的方式的转变同样适用于知识：知化、秩化、治化、智化和织化，即五个"zhi"，最终促成研发数字化的5次转型，如图5-8所示。与工业数字化转型相似，在知识利用方式的5次转型中，中间的"三化"——秩化、治化和智化是中国企业研发体系数字化转型中最需要和常见的模式。

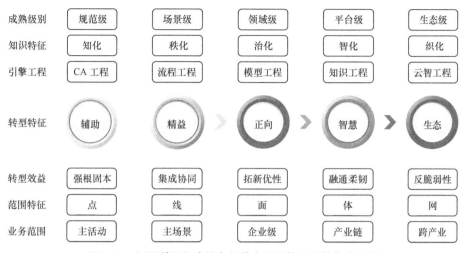

成熟级别	规范级	场景级	领域级	平台级	生态级
知识特征	知化	秩化	治化	智化	织化
引擎工程	CA 工程	流程工程	模型工程	知识工程	云智工程
转型特征	辅助	精益	正向	智慧	生态
转型效益	强根固本	集成协同	拓新优性	融通柔韧	反脆弱性
范围特征	点	线	面	体	网
业务范围	主活动	主场景	企业级	产业链	跨产业

图 5-8　知识利用方式的变革带来研发体系的数字化转型

知识的"秩化"是通过流程把松散的知识按照业务需要建立起秩序，在业务执行过程中向人主动推送知识，而不是人在业务需要的时候去库里找知识。也就是让知识活起来，在合适的时间、合适的场景下去主动找合适的人。

知识的"治化"是通过模型化过程对产品知识进行治理，将其浓缩并凝聚在一起，形成更为逻辑化和自动化的知识。模型应当是人类对知识最极致的提炼成果，并将其反向应用在更多、更大、更未知的场景之下。

知识的"智化"使得对知识的改造工作更加登峰造极，力图发挥知识全集的作用，促进设计的智能化和体系的智慧化。将所有确定性知识加工形成 App，并嵌入设计过程而形成"智能"；将模糊性知识利用大数据和 AI 技术浴火历练，升华成为因果律便形成"智慧"。

第5节　研发数字化转型三级跳

从产品的全生命周期出发，研究"数字化转型"的时候，人们总结出一套普适的规律、要素和模式，并特别强调数据的核心价值和驱动力角色。即使把生命周期的各个环节打开来看，这些规律也同样适用，但研发环节似乎是个例外。

的确，研发是产品全生命周期中最不一样的环节，大多数数字化转型的理念、逻辑、模式和工具，都不再适用于研发。而且，工业研发对今天的中国又有特别重要的意义。仿制轻松安逸，原创千难万险，中国工业自主研发的道路充满艰辛。所以，工业研发的数字化转型，必然是中国企业数字化转型的"上甘岭"。

数字化转型的核心并不在"数字"，而在于"业务"，是业务要转型，数字化只是新业务的新载体，所以不能"为数字化而数字化"。真正有价值的数字化转型，是借助数字化手段，实现业务的升级甚至变革，研发的数字化转型也是如此。

1. 从理想模型到数字化蓝图

我们认为，所有复杂产品的研发体系都存在一个理想模型，研发数字化转型的蓝图应该基于该模型来设计，从而形成数字化转型的路径和方案。数字化转型的过程，就是研发体系向理想体系进化的过程。

根据现代产品研发特征，我们提出企业完整研发体系的理想模型，在第三章第 1 节中已介绍过，该模型是由协同、管理、开发、知识和共享 5 个层次构成的多 V 模型。

该模型包含了完整的研发要素及业务构件，其中的每一个矩形或菱形就是一个业务构件。任何一家研发型企业的业务模型都是本理想模型的子集。越是复杂产品的研发，或企业成熟度越高，其业务模式就与本模型越一致。对于研发成熟度不高的企业，其业务现状是这个模型的较低成熟度状态。

研发体系理想模型是研发型企业发展的对标模型，可以指导企业进行业务模式规划、能力规划、知识（资源）规划以及数字化规划。与此对标，本企业所欠缺的或不完善的业务构件，就是其未来应该建设的内容。根据企业发展战略规划，可以形成研发体系未来建设和完善的计划和步骤，这样将形成体系的长远规划。

理想模型的提出,有助于解决中国企业普遍存在的一道难题:数字化部门难以从业务角度出发规划、建设和推进企业数字化转型,导致数字化和业务两张皮。理论上讲,理想业务模型中每个业务构件可以转移到一个数字化系统中。因此,我们可以一一对应地提出每个业务构件的数字化系统,填入形成研发数字化蓝图,甚至我们可以针对某企业或行业提出每个系统的参考系统。

通过与理想业务模型对标,可获得企业研发体系的发展规划,进而获得数字化转型规划。通过研发体系的进化节奏,可推导出数字化转型节奏。

在研发理想模型中,可根据业务的相似性和关联性对模型中涉及的业务进行归类,以此为依据,对研发数字化蓝图的子系统做相应归类,形成最终的数字化研发平台的应用架构,如图 5-9 所示。

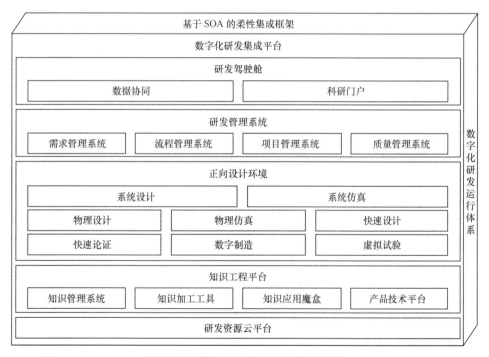

图 5-9 数字化研发平台的应用架构

数字化研发平台既是数字化研发体系的组成部分，又是研发体系数字化转型的载体。理论上讲，所有的研发业务构件数字化之后，研发人员不需要离开本平台，就可以完成产品的研发和设计。需要说明的是，数字化研发平台并非是一套软件，而是一系列数字化系统构成的集成化平台。根据企业的数字化研发目标，基于云计算架构，利用面向服务的柔性集成框架，将企业所有与研发有关的数字化系统协同整合，形成数字化研发平台。这些系统除数字化研发体系咨询和建设方所提供的系统外，还包括第三方系统、企业已有系统和未来引入的系统。

2. 研发数字化转型"三级跳"

企业的研发数字化转型无法一蹴而就。不同企业的发展阶段、企业使命及研发战略的差异，使得其数字化研发所处的状态不同，其选择的研发数字化转型方案需要与自身状态匹配。对研发数字化转型进行规划时，需要确定：依据目前技术水平，在可预期的有限时间内，体系建设所能达到的蓝图，并制定合理的建设路线。

前文讨论认为，研发数字化转型有五级成熟度，其中间三级是当下中国企业，特别是复杂产品研发企业的成熟度现状。因此，我们针对工业企业研发体系的特点，将研发数字化转型建设路线规划为三个阶段（称为"三级跳"），各阶段的目标分别是：①精益转型；②正向变革；③智慧革命，如图5-10所示。

企业在研发数字化转型的不同阶段，达到不同的进化级别，分别是精益级、正向级和智慧级。不同阶段的主驱动力有所差异：精益转型的主驱动力是数字化流程，正向变革的主驱动力是数字化模型，而智慧革命的主驱动力是数字化知识。不同进化级别所采用的技术手段不同，因此具有不同的转型特征：精益转型的主要特征是信息化，正向变革的主要阶段是数字化，智慧革命的主要特征是智能化。不同级别获得的转型效益不同：精益转型阶段获得的效益是效率提升，正向变革阶段获得的效益是创新能力，智慧革命获得的效益是反脆弱性。

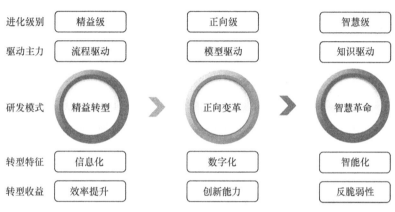

图 5-10 研发数字化转型"三级跳"

（1）一级跳：精益转型

在精益转型阶段，数字化流程是关键要素。本阶段需要把研发流程显性化，并在研发管理软件中建立数字化形态的流程，然后将已经确定性的研发任务、研发工具、显性知识和质量要求，与研发活动紧密绑定，使其深入融合在研发流程中，消除两张皮现象，让工具、知识和质量真正发挥实效。

中国某船舶工业研究院基于精益转型思想，完成了研发模式转型并取得实效。第一，通过精益研发框架的构建，规范了研发流程，协同研发数据，实现产品研发的流程化和标准化，使研发工作按照流程开展，使研发过程可视、可控、协同和协调。第二，完成了研发数字化工具的体系化建设，让每个研发活动都有数字化工具支撑。第三，通过对产品研发知识的梳理，构建了数字化形态的专业知识库，实现了数字化知识和数字化流程的伴随。第四，完成了产品研发全生命周期中所有质量资源的数字化，让质量管控策略落实到数字化流程的每个关键阶段。

（2）二级跳：正向变革

在正向变革阶段，数字化模型是关键要素。本阶段，沿着系统工程 V 模型，从涉众需求开始，经过需求定义、功能分解、系统综合、物理设计、工艺设计、产品试制、部件验证、系统集成、系统验证、系统确认、产品验收全过程，完全用数字化模型表达产品的所有信息，其在消除二义性、减少质量隐患、高效协同和积累成果方面都有无与伦比的优势。

在美国，从 NASA 到先进工业企业，基于系统工程和正向设计方法进行产品和系统的研发和制造，已经至少有 60 年的时间。2018 年美国国防部正式对外发布"数字工程战略"。借助此工程，美国国防部使现有采办流程和工程活动提升为基于模型驱动的集成化实践。

（3）三级跳：智慧革命

在智慧革命阶段，数字化知识是关键要素。本阶段，将研发过程所有活动需要的所有类别的知识进行梳理，利用各类知识加工方式对其进行增值加工，形成大量的数字化形态的智能知识插件（或称 App），通过智能匹配的方式融入与之高度匹配的研发活动中，使得研发活动完成过程由海量的数字化知识来主导。另外，通过建立物理产品的数字孪生体，利用数字孪生体持续进化的生命体特征，持续提升物理产品的智能化特征。

欧盟在利用知识工程建立复杂产品的研制体系方面卓有成效。近年来，欧盟通过企业间合作开展覆盖产品整个研制过程的虚拟企业跨域协同研制体系建设，以空客公司为主组织的某项目是典型代表。这是欧盟共同资助的数字化项目，是欧洲航空工业协会（AECMA）航空远景框架内容的一部分。本研制体系强调知识工程的重要作用，建立了完善的知识体系和知识应用方法，除将资深专家的经验整理形成情景相关的、自动搜索和推送的、经过增值加工的自动化知识外，还将各种最佳实践与研制过程的各个子体系紧密连接，最终提供了一个基于知识工程和系统工程的协同工作环境，包含了分布式并行工程方法及知识管理方法的虚拟产品设计和验证平台，支持数字孪生飞行器和数字孪生发动机的研发。

3. 研发数字化转型路线图

总结来讲，在精益转型阶段，企业的主要矛盾是资源松散、模式落后，需要通过数字化流程聚合资源，提升效率；进入正向变革阶段，企业的研发模式已经精益化，其主要矛盾是创新能力的缺乏，本阶段亟须利用数字化模型创立正向模式，补强创新体系；在智慧革命阶段，企业的研发模式已经优化，创新能力已经建立，其主要矛盾是缺乏高可持续发展能力和随需应变的柔韧特性和反脆弱能力，亟须通过对数字化知识充分和智能化的应用，让企业降低对组织稳定性的依赖，允许组织成为"水样组织"，促进人员和知识协同工作，并随着价值的变化而灵活聚散。

基于以上的设计，我们最终绘制出研发数字化转型路线图，通过流程工程、模型工程和知识工程等核心工程的开展，可实现企业精益模式转型，建立正向设计能力，同时规划企业未来智慧发展路线，最终建立面向智能制造时代的现代工业研发体系。

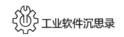

第6节　数字化转型的三项工程

当前，大国间竞争激烈，中国正处在全面推动数字化转型的大时代中。中国挑战"数字工程"的珠穆朗玛峰，需要自己的大本营。也就是说，研发数字化转型需要三个大本营：流程工程、模型工程和知识工程，这三大工程将支撑研发数字化转型工程，研发数字化转型路线图如图5-11所示。

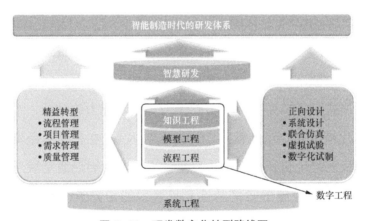

图5-11　研发数字化转型路线图

1. 流程工程

流程工程推动了研发体系的精益转型，数字化流程是精益转型阶段的关键特征。本工程把研发流程显性化，并在研发管理软件中建立数字化形态的流程，然后将已经确定的研发任务、研发工具、显性知识和质量要求，与研发活动紧密绑定，使其深入融合在研发流程中，消除两张皮现象，让工具、知识和质量真正发挥实效。

基于系统工程的流程分析，我们提出了研发流程的理想模型，这也是精益研发的骨架——五层精益流程模型，如图 5-12 所示。

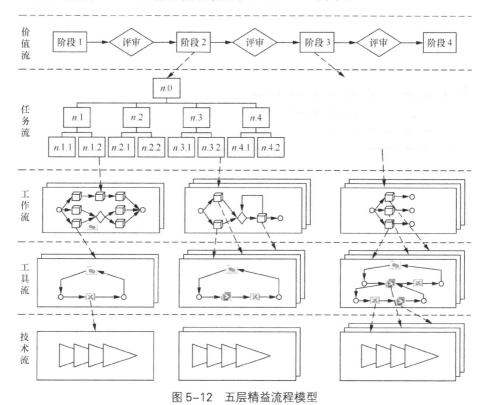

图 5-12　五层精益流程模型

第一层，价值流：由产品研发的各个阶段形成的顶层流程。

第二层，任务流：每阶段逐层分解形成 WBS。WBS 的最底层元素称为工作包，工作包是型号研发任务执行的基本单元。工作包按照顺序和数据关系连接可形成研发流程。

第三层，工作流：每个工作包的具体执行由一系列工作来完成，即工作流，工作流体现工作人员间的协同。

第四层，工具流：工作流中的各项任务由一系列多学科工具软件联合完成，过程体现软件间的数据流转。

第五层，技术流：单个工具软件内部，对特定任务由多个步骤完成。步骤体现软件的使用过程。

当然，流程工程并不满足于流程的显性化和数字化，而是要对其工作包进行升级改进。

一是增加伴随知识要素，将完成该工作包所需要的知识嵌入工作包中。

二是增加质量要素，将本工作包所遵从的质量要求（质量规范和检查表）关联到工作包中。

三是增加工具要素，将完成本工作包要求或推荐的设计与仿真工具也集成入工作包，对工作包进行数字化和仿真化改造。我们把这个改进的工作包也称为精益工作包，其是精益研发的灵魂，模型如图5-13所示。

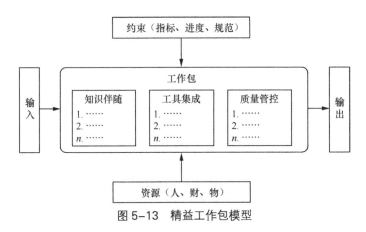

图 5-13　精益工作包模型

得益于精益工作包模型，我们提出精益研发的工作模式：人体模型。此模型体现出精益研发的显著特点：知识和质量紧密伴随在研发策划和工作包执行过程中，如图5-14所示。

本模型由型号策划、综合设计、知识工程和质量管理四部分构成：利用标准 WBS 进行型号策划，这部分是人体模型中的大脑（上面中间区域）；工作包分发之后进入各专业部室执行工作（下面中间区域），称为躯干；在策划和执行的过程中，都有知识伴随（左边区域）和质量管控（右边区域）。

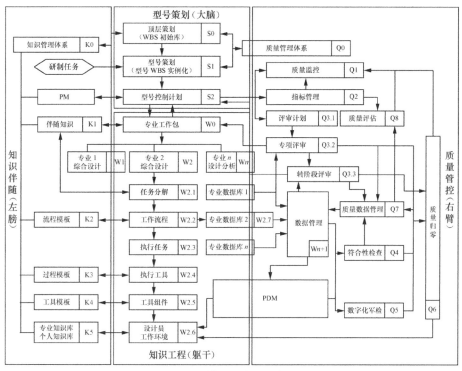

图 5-14　精益研发的人体模型

2. 模型工程

模型工程推动了研发体系的正向变革，产品模型数字化是正向变革阶段的关键特征。

理想的产品设计过程的起点是涉众需求，经过需求定义、功能分解、系统综合、物理设计、工艺设计、产品试制、部件验证、系统集成、系统验证和系统确认等阶段，最后完成产品验收，如图 5-15 所示。V 模型的右边部分既是产品交付，又是对左边相应阶段的验证。如果验证出现问题，会回到左边相应阶段进行修正。这个过程称为"正向设计"。

数字化模型贯穿在整个正向设计过程中，模型积累的要素越多，正向模式越强壮。模型是一种区别于自然语言的工程语言，对于资源对象的表达不

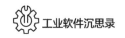

仅更为直观、科学、全面、准确、无二义性，而且信息更丰富、更具动态性。每个阶段的模型可以有不同特征，但模型间的逻辑关系和换算关系必须是完整和全息的。这种模式需要预先一次性完整定义全生命周期的数据结构和表达模型，并体现各阶段和各维度的所有数据的特征。不同阶段和不同维度的模型是完整模型的一个子集。

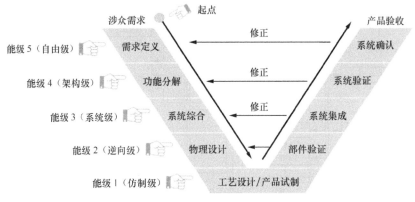

图 5-15　理想的产品设计过程

传统的产品定义技术主要以工程图为主，通过专业的绘图反映出产品的几何结构及制造要求，实现设计和制造信息的共享与传递。基于模型的定义（Model Based Defination，MBD）以全新的方式定义产品，改变了传统的信息授权模式。它以三维产品模型为核心，将产品设计信息与制造要求共同定义到该数字化模型中，通过对三维产品制造信息和非几何管理信息的定义，实现更高层次的设计制造一体化。

正向变革阶段的核心手段是模型工程，对模型的规范化开发、集成和应用，一直贯穿其始终。本过程将开展数字化模型工程，形成完整的正向设计流程、方法、工具、模型和平台建设，并进行相应组织的优化和变革。正向变革的过程就是一系列基于模型的工程的执行过程，如图 5-16 所示，部分内容介绍如下。

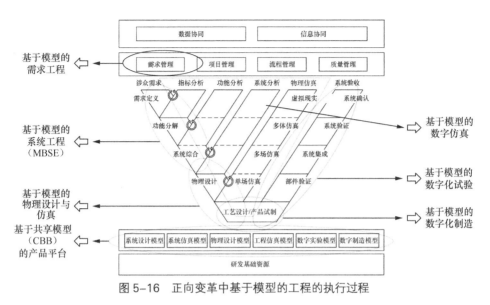

图 5-16　正向变革中基于模型的工程的执行过程

（1）基于模型的系统工程（MBSE）：系统设计与仿真是其核心技术，打造从需求出发的基于模型的系统设计体系和能力，可以基于模型完成需求定义功能分解、系统综合等工作。

（2）基于模型的物理设计与仿真：CAD 和 CAE 是其核心，使用图形学技术进行几何建模是 CAD 的基本过程。利用网格技术进行符合物理学原理的模型化是工程仿真（CAE）过程的基本过程。当然，基于仿真过程的复杂性，需要建立综合仿真能力体系，以实现仿真驱动研发的理想，包括建立仿真流程模型、制定模型化标准、开发基于模型的仿真平台等。

（3）基于模型的数字化制造：增材制造（又称 3D 打印）是数字化制造的基本技术，是以数字模型为基础，将材料逐层堆积制造出实体物品的新兴制造技术，其将对传统的工艺流程、生产线、工厂模式、产业链组合产生深刻影响，是制造业有代表性的颠覆性技术。

（4）基于模型的数字化试验：数字化试验通过数字模型和仿真手段提升试验的有效性，促进实物试验的规划、目标设计、过程设计、过程操作和结

195

果分析，将试验扩展到实物试验所不能达到的范围。

（5）基于共享模型的产品平台：产品平台是企业的系列产品所采用的共同技术要素的集合。这些共同要素也称通用模块或模块（CBB），包括共用的系统架构、子系统、模块／组件、关键零件、核心技术等。产品平台可以帮助企业实现快速产品设计，并促进核心技术持续提升。

3.知识工程

知识工程推动研发体系的智慧革命，数字化知识是智慧革命阶段的关键特征。利用数字化知识融入理想研发模型，可以将理想研发模型进行智慧化升级，如图5-17所示。具体来讲，就是将研发知识进行增值加工，形成数字化知识，即智能知识插件，并将其融入研发全体系和全过程，研发体系实现智慧化。

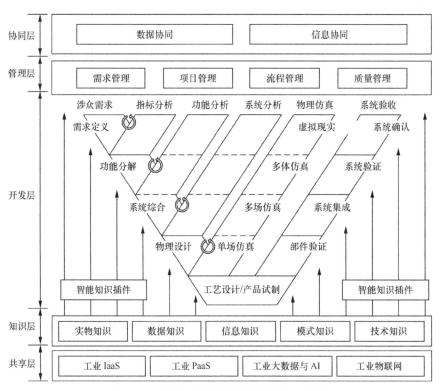

图5-17　理想研发模型基于知识的智慧化

虽然中国有不少企业开展过知识管理工作，但知识并没有融入其研发过程，也没有融入设计过程和工具中，因此没有对研发活动起到支撑作用，存在知识与研发两张皮现象。为此，我们提出将知识增值加工并伴随研发流程的方案，形成知识工程体系 3 层架构，如图 5-18 所示。

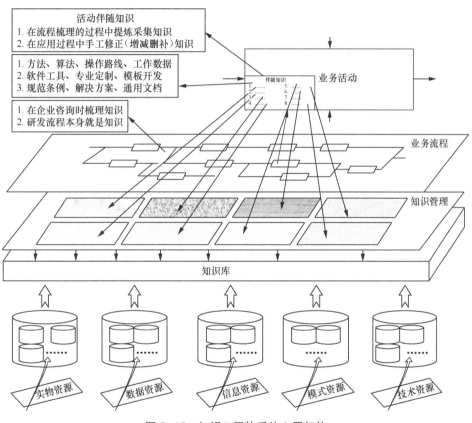

图 5-18　知识工程体系的 3 层架构

传统的知识管理体系将已有知识按照业务需要进行分门别类管理，支撑业务人员的查询和搜索。在知识管理之上，梳理研发业务流程及与伴随研发业务流程的工作包，将知识融入流程。在知识管理之下，深挖设计过程中的知识，根据知识的类别选择合适工具进行增值加工，并直接与相关研制工具

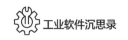

建立关联,直接启动应用,使知识与设计活动紧密融合,直接支持设计工作。另外,这种方式也提供了随用随积累、随用随创新的知识积累与应用模式。

研发过程是利用现有知识创造新知识的过程,智慧研发的本质就是将研发过程的海量知识经过数字化增值加工,形成大量的智能知识插件(或称为 App),嵌回到研发过程中。此类知识天然具有能与业务工作环境互动的特点,可直接与相关研发工具建立关联,使知识与设计活动紧密融合,直接参与研发和设计工作。研发过程中,这类智能知识插件越多,智慧化程度越高。因此,智慧研发中知识工程的核心就是对知识进行增值加工,形成智能知识插件。

我们梳理了制造业企业的知识资源,并形成了如下分类:实物类、数据类、信息类、模式类和技术类。针对不同类型的知识,采用不同的加工方法实现增值,如图 5-19 所示。本节对这几种加工方法介绍如下。

(1)电子化:实物类资源本身是一种知识加工的手段,是其他资源的知识化基础。这些资源提供一种手段,称为电子化,使其他资源具备知识的基本特征——数字化。

(2)标准化:数据资源可以通过标准化技术,获得显性化特征,步入知识的初步形态。

(3)结构化:信息资源可以通过结构化技术,具有共享化特征,达到较高层次的知识形态。

(4)范式化:模式资源可以通过范式化技术,形成自运行、自判断的自动化特征,进一步提升知识层级。

(5)模型化:技术资源采用模型化技术,具有智能化特征,达到知识的更高层级。

在未来技术手段提升后,还有另一种加工方法,即全息化,特别是采用大数据技术使知识全息化之后，以上各类资源的知识形态都可能再次实现一到两级的提升，具有智慧化特征。

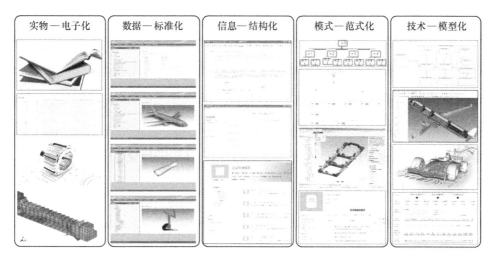

图 5-19 知识加工形成智能知识插件（App）

4. 小结

可能有人会问，这三大工程怎么不提数据的事儿？它可被称为数字时代的血液、数字化转型的驱动力啊！也不提仿真、数字孪生、元宇宙等，这可都是时代宠儿，是数字化时代的热词！没错，这些确实很重要，价值也很大，但它们还是各有定位。然而能够称得上"工程"，则需要具有一定的特征。所谓"工程"，顾名思义，就是既要能向下挖地基，又要能往上盖大楼。数据是地基，是这三大工程"挖"的对象，或者说，这三大工程就是基于数据的；仿真、数字孪生和元宇宙是大楼，是这三大工程"盖"的对象，或者说是这三个工程的成果。

当然，无论是美国的数字工程战略，还是中国的数字化转型，都不应该是为数字化而数字化，而应该是为了让业务产生巨大升级甚至变革。数字化工程是数字化技术驱动的业务变革，需要在组织、流程、人员、文化、业务

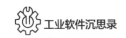

模式等方面做整体的变革。因此，美国数字工程除了两个核心目标（①规范化模型的开发、集成和使用；②提供持久、权威的事实源）外，还提出另外三项辅助性目标。中国的数字化转型也不应该仅仅是围绕三项技术的工程，而应依据技术社会学体系进行系统化实施。而"工程"二字，本身就包含着丰富的科学、技术、知识和社会学的复杂过程和体系。

第7节　姗姗来迟的正向设计

长期以来，中国高端装备的研发主要采用跟随仿制的策略。我国多数工业企业只具备逆向工程能力，难以产生创新性设计，产品的功能和性能远不及仿制对象。更为严重的是，长期跟踪仿制和逆向设计形成了基因性后遗症，科技人员普遍存在害怕创新的保守心态，整个工业体系缺乏产品正向设计的理论和实践，甚至对正向设计的理解都一知半解，似是而非。

1. 什么是正向设计

美国科学家 Paul Rook 在 1980 年提出软件工程 V 模型，目的是减小漏洞（Bug）和错误（Error）出现的概率。V 模型是对瀑布模型的修正，强调了验证活动，它反映了测试活动与分析和设计的关系，如图 5-20（a）所示。

系统工程科学家们认为 Paul Rook 提出的 V 模型适合大多数系统工程（软件工程本身就是一种系统工程过程），于是我们综合系统工程的经典理论和其在中国企业的实践，就将此模型修订为系统工程 V 模型，如图 5-20（b）所示，它反映了系统开发的技术过程。不同系统工程学派、企业和机构的研究与实践所采用的 V 模型具有一定差异，这些模型具有不同的流程边界划分方式，某些流程活动名称相似但内涵不同。

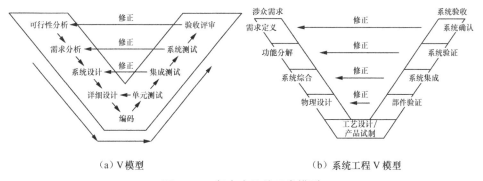

（a）V 模型　　　　　　　　（b）系统工程 V 模型

图 5-20　复杂产品的研发模型

表 5-1 给出了产品研发过程中的系统工程 V 模型的说明。其中，第 1～9 序号对应的过程是系统工程内部流程，而第 0（涉众需求）和第 10（系统验收）序号对应的过程则是对外流程。考虑各学派和不同实践中所用名称的差异，表 5-1 也给出了相似过程的其他常见名称。

表 5-1　系统工程 V 模型的说明

序号	过程名称	主要内容	其他常见名称
0	涉众需求	利益相关者的需求，包括用例想定、使命任务和使用构想等	利益相关者期望
1	需求定义	汇总所有利益相关者的输入，并将它们转化为技术需求	需求建模、需求分析
2	功能分解	获取逻辑解决方案的过程，用于进一步理解已定义的需求和需求间的关系	逻辑分解、功能架构、功能分析、功能分配
3	系统综合	将需求定义和功能分解的输出转化为可选解决方案和确定最终解决方案的过程	方案设计、物理架构、系统架构
4	物理设计	最终实现系统分解结构中底层系统组件方案的过程。系统组件可以是新设计、采购或重用	详细设计
5	工艺设计 /产品试制	单机设备的工艺设计和加工等，形成系统设计中指定的所有单机设备。本书在有些情况也将工艺设计与产品试制分为两个活动	产品实现
6	部件验证	针对零部件、单机设备进行试验验证，确认部件符合设计预期	部件试验

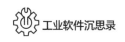

续表

序号	过程名称	主要内容	其他常见名称
7	系统集成	将底层系统组件转化为高层系统组件的过程	综合集成
8	系统验证	确认系统组件与设计初衷相符，即回答"是否做对？"	
9	系统确认	是否设计了正确产品	
10	系统验收	将系统交付用户的过程，包括产品、技术和资料的交付转让	系统交付

理想的产品设计过程的起点是涉众需求，经过需求定义、功能分解、系统综合、物理设计、工艺设计、产品试制、部件验证、系统集成、系统验证和系统确认等阶段，最后完成产品的验收。该模型有两个特点：①它是标准的对称模型；②设计的起点很高。

一个完整的正向设计过程必须从涉众需求开始，正确完整地走完 V 模型，任何一个子过程都不应该将就或被省略。V 模型的左边部分是产品（系统）的设计过程；右边部分是产品交付，同时又是对左边相应部分的验证。如果验证出现问题，则会检查左边等高的相应流程并进行修正。这个过程称为"正向设计"，图 5-21（a）所示为正向设计模型。

但通常来说，企业发展历程都会经历一个逆向工程过程。逆向工程产品设计的起始点不是涉众需求，而是从 V 模型的中间某个点开始，如图 5-21（b）所示。"物理设计"是中国企业产品设计的常见起点，本阶段企业设计仿照已经存在的产品，完成图纸绘制，进入产品试制和部件验证各阶段，完成产品交付或推向市场。当 V 模型右侧部分的阶段出现问题时，由于左侧没有阶段可对应，所以企业只能回溯到前一阶段查询和解决问题，当回溯到物理设计阶段仍然解决不了问题时，其就成为永远的问题。清醒的企业会有意识地研究物理设计之前的各个过程，追溯和还原仿制对象的本源，当然，这样只能还原部分本源。以上的过程我们称为"逆向工程"。相对正向设计，逆向工程模型也有两个特点：①它是不对称的残缺模型；②设计起点较低。

逆向工程模型是一个跟踪仿制的模型，由于缺少需求定义、功能分解和系统综合 3 个重要的子过程，故而很难对产品进行大幅度创新，因此，只有正向设计体系才能为我们提供架构性和颠覆性创新，即使是最高超的仿制也只能产生二流产品。

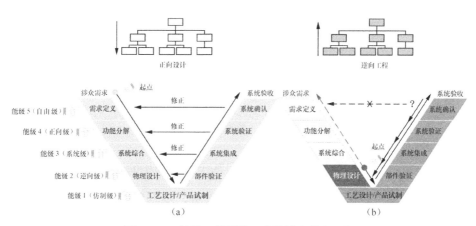

图 5-21 基于 V 模型的正向设计和逆向工程

2. 正向设计能级

依据产品设计的起点，我们可以评判一家企业的设计能力。观察企业从 V 模型的哪个阶段入手设计产品，基本可以断定该企业的设计能力，即这个阶段所对应的能级。由此，可以把企业设计能级（成熟度）分为 5 级：仿制级、逆向级、系统级、正向级和自由级，如图 5-22 所示。各级别的总体特征描述如下。

能级 1：仿制级。本等级的定位是：基于现有图纸的制造。总体特征为：企业对产品的物理设计参数有清晰的理解，具有工艺设计能力，对现有产品可做少量改进。

能级 2：逆向级。本等级的定位是：基于现有产品的设计。总体特征为：企业对产品的系统架构和运作逻辑具有清晰的理解，可以根据现有产品或系统进行逆向设计，形成"新产品"或"新系统"。

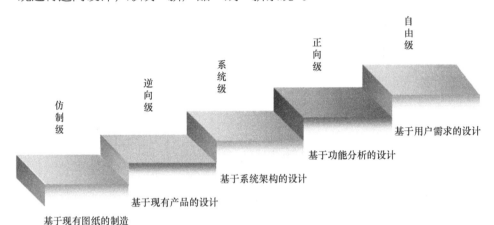

图 5-22　企业设计能级

能级 3：系统级。本等级的定位是：基于系统架构的设计。总体特征为：企业对产品或系统的功能架构具有清晰的理解，根据功能架构进行系统架构的设计与仿真，可以对物理产品的参数提出清晰的要求，必要时可进行物理设计。

能级 4：正向级。本等级的定位是：基于功能分析的设计。总体特征为：企业对产品或系统的技术需求和指标具有清晰的理解，可以根据技术需求进行功能分解与分析，进而进行系统架构的设计与仿真，对物理产品的参数提出清晰的要求，必要时可进行物理设计。从本级别开始，研发过程呈现出正向设计的特征。

能级 5：自由级。本等级的定位是：基于用户需求的设计。总体特征为：具有完全和自由的正向设计能力，可以从涉众需求（客户需求）进行技术需求的深入开发和确认，形成产品或系统的指标体系，根据技术需求和指标进行功能的分解和分析，进而进行系统架构的设计与验证，对物理产品的参数提出清晰的要求，必要时可进行物理设计。

3. 正向设计姗姗来迟

正向设计虽然是产品创新创造的必备过程，但实施起来并不容易。无论是工具、过程、能力还是管理体系，其相对于逆向工程体系都是巨大跨越。因此，虽然国家工业体系一直对此保持清晰认知，一直呼吁高质量发展、转型升级和创新发展，但在投入产出比不理想和得过且过的氛围下，它一直没有成为工业主流。

今天的中国已经不允许我们再维持逆向工程道路。国际势力不失时机地启动打压战略，对我国先进技术的封锁达到了前所未有的程度，国际一流的可仿制对象已不可能再轻易进入中国。其实，由于中国工业水平的快速发展，国际上可仿制的工业品越来越少。

因此，中国工业体系走正向设计道路，不仅是外力使然，更是内生需求。前文提到，自 2019 年起，中国人均 GDP 超过一万美元，意味着中国进入中等收入国家，也面临着中等收入陷阱，我们必须从要素驱动的发展模式转型创新驱动模式，才能跨越陷阱，进入下一个发展赛道。自主创新的关键就是要建立正向设计体系。过去，我们一直强调和呼唤正向设计而不得，如今，这已不再只是美好生活的一个选项，而是中国工业活下去的刚需。

逆向工程模式已经完成了自己的历史使命，正向设计模式势在必行。21世纪的第 3 个 10 年，中国正向设计时代到来了。虽然它姗姗来迟，但一切都还来得及！

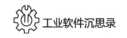

第8节　增材制造革了谁的命

《增材制造产业发展行动计划（2017—2020 年）》指出，增材制造（又称3D 打印）是以数字模型为基础，将材料逐层堆积制造出实体物品的新兴制造技术，将对传统的工艺流程、生产线、工厂模式、产业链组合产生深刻影响，是制造业有代表性的颠覆性技术。

另有文献表示，增材制造技术作为具有前沿性、先导性的新兴智能制造技术，正在使传统生产方式和生产工艺发生深刻变革，被认为是推动新一轮工业革命的原动力，引起了世界各国的广泛关注。

请注意以上所述的两个用词："颠覆性"和"革命"。增材制造到底颠覆了什么？革了谁的命？

先说结论，增材制造名为"制造"，而颠覆的反倒是"设计"，进而革了"旧工业品"的命。在我们看来，它绝不仅仅是提供了一种新的制造方式，而是提供了一种突破传统工业体系的赋能技术，特别是对产品设计具有巨大影响，从而释放工业品的无限创新潜力，让全新型工业品的产生具有无限空间。

围绕正向设计，工业软件和增材制造之间具有一种奇妙的哲学关系。以正向设计为核心和主线，工业软件通过支撑正向设计，在全生命周期支撑增材制造过程的完成。在数字化的世界里，研发和制造不是先后串行和跟随序贯关系，数字化研发和数字化制造之间是一种相生相长的关系，具有生生不息的特征，两者之间在任何时候都相辅相成、相互输送价值，如图 5-24 所示。

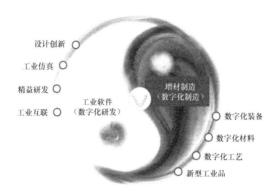

设计创新
工业仿真
精益研发
工业互联
工业软件
（数字化研发）
增材制造
（数字化制造）
数字化装备
数字化材料
数字化工艺
新型工业品

图 5-24　工业软件、正向设计和增材制造之间的辩证关系

这种哲学关系的存在，是因为正向设计与增材制造之间本身也存在一种相互促进的辩证关系。首先，正向设计所提供的架构性创新彻底释放了增材制造的价值。优化和创新设计到极致的产品，其结构往往也是复杂至极的，而不怕复杂正是增材制造的优势所在。用增材制造技术加工传统产品完全是一种浪费，不仅不能反映增材制造这样一个颠覆性技术的优势，反倒会给人一种"多此一举"的负面印象，让人们看到的完全是这种技术在速度和成本上的劣势，所以离开了正向设计的增材制造就像鸟儿折去了翅膀。

反过来，增材制造打通了正向设计的传统瓶颈。在过去，正向设计如果想顺利走完 V 模型全程，一直都忌惮于一个关键过程，那就是工艺和制造过程。这个过程可能会一票否决一个正向设计所产生的创新方案，理由就是设计很创新，但制造不出来。这往往会令设计人员产生怀才不遇的挫折感。但是在增材制造时代，也就是数字化制造时代，无论产品设计多么创新，结构多么复杂，都能被制造出来。增材制造实际上赋予了正向设计无限自由，企业只需要从需求和功能出发来进行产品设计，而不需要考虑制造过程的约束，完全可以放飞想象，进行颠覆性创新。因此，增材制造

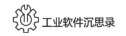
让正向设计如虎添翼。

在基于增材思维的正向设计中，有一些不同以往的特别之处，如图 5-25 所示。第一项特别之处是创成式设计。这种设计方法完全不同于传统的设计方法，使用的工具软件也不是传统的 CAD 软件。创成式设计方法完全发挥算法和人工智能的优势，不需要人做过多干预，也不希望人做干预，因为人的思维定式可能会妨碍设计创新。我们只需要给出必要的设计要求，其余的完全交给算法去创造。这种新型的设计方法虽然不能完全替代正向设计和创新，但是它让人们的思路和眼界大幅度拓宽。

图 5-25 基于增材思维的正向设计中的特别要素

基于增材思维的正向设计的第二项特别之处是多尺度仿真。仿真本身是正向设计中的常用技术，特别是对增材制造所提供的无限创新空间来说，设计本身没有必须遵守的规范和标准，因此仿真便成了最重要的工具。这也是为什么那些以仿真起家的公司，它们虽然是增材制造领域的新进入者，但却具有得天独厚的领先优势。在增材制造领域，仿真遇到一个难题，那就是多尺度问题。用增材思维来看传统制造的产品，其特点是"傻大笨粗"。可以肯定地说，任何一款传统制造产品都有 50% 甚至更多材料的冗余。自然界的生物经过亿万年的进化，都把结构优化到极致，若非病变增生，绝不会生长一点多余的材料。这种进化特性使得自然界的生物，如树枝或树叶，它们具有细小纹理的多孔结构。在传统制造世界，这种结构模式是不可想象的，但在增材制造世界是再正常不过的。对这种结构的仿真难度极大。我们希望通过仿真得到宏观结构和微观结构都是最优的设计，但在当前仿真技术之下，两种尺度的结构不能在同一个模型中出现。同时，我们还要在计算过程中关联对方的计算结果。宏观结构的力学特性需要根据微观结构的计算结果来等效获得，微观结构的计算则需要宏观结构的计算结果作为输入。这些关联工作是增材仿真过程的重点和难点。

基于增材思维的正向设计的第三项特别之处是架构优化。它在其他领域中被称为拓扑优化，但笔者更愿意将它称为架构优化，因为在正向设计体系中，架构的创新和优化是首要工作，也是最具价值的工作。在架构优化中，我们并不需要限定结构的形式，只需要给出结构的受力和约束条件，软件可以按照力的传递路径自动找到最佳的结构形式，然后结合创成式设计和多尺度仿真，对这个结构形式进行微观设计和仿真。

增材制造的结果必须是产生新型工业品。增材制造的本质是：基于增材思维对现在的工业体系进行赋能、改造，甚至重构。我们坚决反对用增材制造手段来制造传统工业产品，至少要对传统工业产品进行再设计，甚至进行架构性创新，这将产生完全不同于以往的新型工业品。

微型涡轮机就是一个新型工业品案例，如图 5-26 所示。过去的涡轮机械往往是大型设备，且被安装在飞机这样的大型装备上。如此小型的涡轮机常常只在科幻片中见到。传统的研发和制造方式无法应对这么小型且高性能的涡轮机，而正向设计和增材制造相结合产生的巨大创新空间，将让这种新型工业产品变得司空见惯。

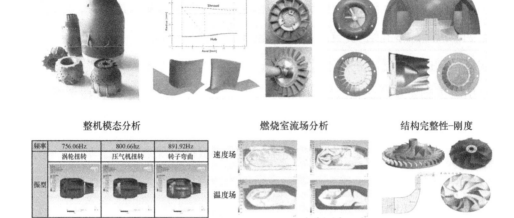

涡轮气动设计　　　　压气机气动设计

整机模态分析　　　　燃烧室流场分析　　　　结构完整性-刚度

频率	756.06Hz	800.66hz	891.92Hz
	涡轮扭转	压气机扭转	转子弯曲
振型			

速度场

温度场

图 5-26　基于增材思维的新工业品研发——微型涡轮机

第9节　基于增材思维的再设计

在工业 3.0 时代，工业软件成功实现了对研发和制造的驱动。在工业 4.0 时代，工业软件技术与现代新型制造技术的结合，催生了大量触动灵魂的新应用。在很多案例中，我们利用工业软件对各种产品进行再设计，多数产品具有减轻重量 50% ～ 60% 的惊人效果。

产品再设计是将工业软件技术与突破性新型制造工艺（特别是增材制造）相结合的一套全新的工程和产品设计思想和方法。通过该方法，可对现有传统工业品的设计过程和工艺过程进行优化、完善与升级，在提高工业品性能、升级产品品质的同时，让产品走向绿色化、轻量化、智能化。

1. 产品再设计概念

产品再设计让研发设计回归需求本源，重新审视原有设计，以最自然的方式来探索设计的本质，效法自然。剔除以前由各种情况导致的不合理之处，或纠正以往对客户需求的错误认知或偏差，重新设计核心零部件或整机，达到在当前技术条件和认知水平下的最优结果。

之所以能做再设计，往往是因为突破性新技术和新工艺的出现和成熟。再设计其实就是把握这些已有的新技术和工艺，促使其成果最大化。产品再设计就是将工业软件手段和新型制造先进工艺相结合。由于新型制造技术具有任何复杂产品均可制造的特点，彻底解除了因制造工艺的限制而对产品设计带来的制约，使得在产品研发设计过程中，工程师只需关注怎样达到产品功能的最佳而无须顾忌制造工艺的约束。这极大地拓展了设计人员的自由设计空间，能最大限度地发挥创新性，做到效法自然。工艺束缚的消失，使得传统的产品设计模式将被根本性地颠覆，真正实现正向设计。这样不仅可以对各类工业产品整机或其关键零部件进行程度不一的改良，甚至能实现颠覆式创新。也就是说，再设计产生的产品将不再是传统的产品，而可能是个新型工业品。

由于再设计过程产生的均是非标准化甚至反传统的产品，因此其没有设计标准及知识经验可参考，唯一能依赖的设计手段就是工程仿真和实物试验。在再设计体系面前，传统的标准、规范、知识和经验都将失效甚至成为创新的制约。掌握了新型工业软件技术并进行了大量工业实践应用的组织则具有更强的竞争力，将成为中国产品再设计体系的主力团队。

2. 产品再设计流程

产品再设计的完整过程如图 5-27 所示，包括几个不同于传统的关键过程：①追根溯源，去伪存真；②解放思想，创新优化；③增材制造，快速迭代。

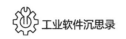

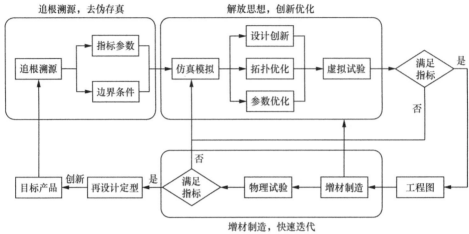

图 5-27　产品再设计的完整过程

首先，追根溯源回归需求本源，重新审视原有设计，获取再设计对象（核心零部件或整机）的设计指标和边界条件，作为再设计的输入。

其次，采用仿真模拟、设计创新、参数优化、拓扑优化等手段开展创新设计，并借助虚拟试验技术进行验证。在设计过程中，工程师完全可以打破工艺束缚，只专注于需求，可以设计任何结构的产品。

最后在新型制造技术的支撑下，将实现快速迭代，并尽快实现再设计定型，以及推出最终的目标产品。在这一过程中，实现对再设计对象的跨量级优化，系统性能指标将有明显提升。

3. 产品再设计实例

工业品通过优化手段再设计后会获得明显优势，有可能颠覆大量工业行业。从已经完成再设计的产品来看，在维持原装备性能、不改变装备制造材料的前提下，通过再设计，产品普遍可以实现减重 50% ～ 60%。目前再设计产品已经在装备制造、汽车、航空航天等多个领域发挥了巨大作用，也涌现出数目众多的成功案例。

图 5-28 展示了汽车前桥的再设计案例。在前桥的原结构基础上，对其内部进行镂空和加筋处理，采用新型制造技术整体成型，实现了将原来由 78 个钢制零件连接而成的前桥壳整体制造成一个铝制零件，在不降低性能指标的前提下，减重达到 63.2%。

重量的下降使得产品在使用过程中的能耗、仓储、运输等方面节能降耗产生的效益更为巨大。省略了焊接环节及其他各种连接模式，提高了装备的整体可靠性，减少了污染。整体制造的车桥有精确的近净尺寸精度与形位公差，减少了后续的机械加工甚至免加工，可实现使用过程中的高效率替换和维修。

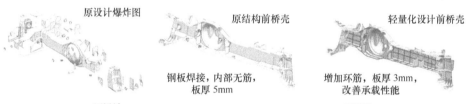

原设计爆炸图 　　　　原结构前桥壳 　　　　　　轻量化设计前桥壳

钢板焊接，内部无筋，　　　　增加环筋，板厚 3mm，
　　板厚 5mm　　　　　　　　改善承载性能

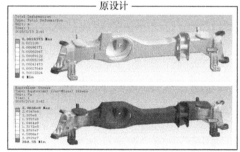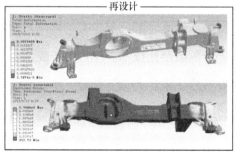

图 5-28　汽车前桥的再设计案例

4.产品再设计效益

产品再设计的直接效益是节材减重。这对任何普通企业来说都是极具吸引力的，可以明显降低成本和增加利润。

产品再设计的间接效益是实现绿色生态。产品节材减重之后，在全生命周期形成绿色产业链，如减小体积、节约仓储空间、降低材料要求、延长寿命、降低成本、节能降耗、环保治污等。绿色效益往往是节材效益的 5 倍之多。

产品再设计的第三种效益是效能跨越。如有效载重、机动性能、动力效能、产品质量、可靠性等都将提高。航天某院武器系统壳体重量实现了超过 50% 的降低，并且在航程、航速、精确性方面实现了对仿制对象的全面超越。某飞机的导弹挂架经过再设计减重后可以增挂数发导弹，提升战斗力，减少空载油耗，扩大作战半径。

第10节　数字中国亟须赋能体系

数字经济来了，数字中国也来了。与之伴随的，是数字化技术的蓬勃发展。百花齐放，必然也百家争鸣。

丰富的数字化技术是好事，但也带来烦恼。各自为政的数字化技术只会把物理世界分割，很少有一家用户可以同时驾驭这么多种数字化技术。每增加一种数字化技术，用户的难度就提升一级，更别说把它们整合成一个完整有效的体系！大企业如此，中小企业更是如此。同时，数字化技术的提供商也各显神通，但很少能从企业整体解决方案角度为用户提供系统性帮助。

为此，本实验室（数字孪生实验室）提出了一套"数字化转型赋能中心"规划和建设的方法论。

1. 赋能开道

数字化转型这项综合复杂的系统工程，需要多组织、多专业的协作，有效的解决方案之一就是建立公益组织——数字化转型赋能中心，其模型架构如图 5-29 所示。该类中心是一个特殊形式的机构，可有效协调各专业团队完成产业和企业的数字化转型任务，助力中国数字经济发展和企业数字化转型。针对园区、行业、城市、企业等的需求，提供规划与政策支持、示范中心建设、基础设施建设、实训基地等支撑和服务。

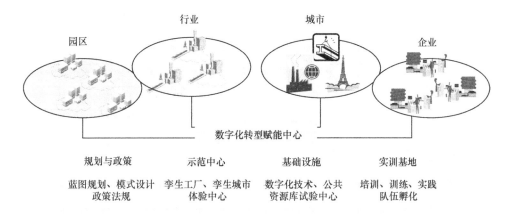

图 5-29　数字化转型赋能中心模型架构

数字化转型赋能中心方法论基于国内外数字化技术发展现状，参考德国数字化转型赋能体系的建设经验而提出，内容包括战略定位、组织模式、协作流程、技术研究、协作平台等多个方面。

数字化转型赋能中心的典型职能（或所提供的服务）是赋能中心建设、运营、评审和年审的依据，其典型职能如下。

● 发展规划：现状分析、蓝图规划、路线设计。

● 培训教育宣传：宣传、培训、研讨、日常指导、实施队伍孵化。

● 政策标准制定：政策法规、标准规范、模式设计。

● 公共资源建设：试验验证中心、示范和体验中心、共享资源库、基础设施建设。

● 技术产品研发：技术研究、产品开发。

我们建议设立 3 类赋能中心：共性中心、领域中心和区域中心。这 3 类赋能中心虽然都可能包含以上典型职能，但由于主要服务对象不同，所以各自的职能侧重不同，创立和运行模式各不相同，所需具备的核心能力也不同。它们之间的核心差异如表 5-2 所示。

表 5-2　3 类赋能中心的核心差异

中心类型	主要服务对象	核心职能	核心能力
共性中心	部委和其他两类中心	共性技术和产品研发、政策研究	理论能力、技术和产品研究能力
领域中心	行业性组织和企业	行业政策、企业服务、技术推广	推广能力、实施落地能力
区域中心	地方政府和区域企业	企业服务、技术推广	推广能力、实施落地能力

2. 共性中心

所谓共性中心，就是国家级数字化转型赋能中心，针对中国国情，从总体上把握中国工业和经济发展的特点和规律，对数字化技术方案和产业政策进行长期研究，对国家主管机构关于数字化技术创新、解决方案和产业发展等方面的政策制定提供支撑，对领域中心和区域中心提供技术支持和政策指导。因此，共性中心可以理解为领域中心和区域中心的赋能中心。

之所以提出共性中心建设，是因为传统产业的数字化转型，不但需要面向"数字化"的共性技术提供支撑，而且需要面向"转型"的共性能力和共性政策提供支撑，以及建立起技术、能力和政策之间的有机结合，循序渐进。

由于所涉及领域的广泛性、复杂性、系统性和集成性要求，以及对赋能方法有效性、效率和成本的考虑，因此需要通过国家级数字化转型赋能中心开展数字化转型共性问题的研究，为各区域中心和领域中心赋能。

3. 领域中心

所谓领域中心，就是依据国家级数字化转型和产业发展政策，结合领域对应的行业、产业或专业的特点，将共性中心的研究成果——通用技术、方案和产业共性实施指南进行定制化，形成适应该领域的数字化转型和产业推动的落地方案，并在本领域相关的企业进行落地。领域可以是一个工业行业，也可以是一类工业品产业。

领域中心的核心职责在于服务领域内的全国各类企业，但需要将共性技术、方案及政策与本领域的企业需求相结合，形成与领域内的企业适配的落地方案，并且承担指导企业实施甚至承担重大项目或示范项目的工程实施。为了促进在领域内的推广力度，领域中心要负责数字化转型项目实施队伍的孵化。

4. 区域中心

所谓区域中心，是依据国家级数字化转型和产业发展政策，结合区域对应的行业、产业或专业的特点，将共性中心的研究成果和领域中心的实践成果进行定制化，形成适应本区域的数字化转型和产业推动的落地方案，并在本区域相关的企业进行落地。

区域中心的核心职责在于服务区域内的全领域企业，但需要将共性中心和领域中心研发的技术、方案以及发布的政策建议与本区域的企业需求相结合，形成与区域内的企业适配的落地方案，并且承担指导企业实施甚至承担重大项目或示范项目的工程实施。为了加强实施力度和提升实施效率，区域中心应进行数字化转型项目的实施队伍的孵化。

5. 小结

在数字经济快速发展的今天，中国社会的数字化转型尤其需要顶层规划指导，建立多级别、多领域、多区域的数字化转型赋能中心是必要和可行的，其对加速推进中国数字化转型的进程具有重要作用。应从全国、行业和地区三个维度进行布局和实施，建立共性中心、领域中心和区域中心三类数字化转型赋能中心，通过赋能中心推动数字化技术研究、方案落地，加快中国经济数字化转型进程。

体悟孪生进化

第六章

工业软件进入数字化江湖，将不可避免地遇到一个精怪——数字孪生体。它似乎刚刚诞生，又似乎一直在那儿！既像是赤子与智者的合体，又似乎是柔韧与刚毅的化身，充满了神秘气息。

　　盲人摸象意在讽刺以偏概全。而这一幕，就在中国数字孪生产业天天上演。也许，只有用生命体的慧眼，才能看清这个迷雾中的数字孪生。生命进化的历程，则为数字孪生体的进化指明了路。

　　数字化、互动、先知、先觉、共智，是数字孪生体的进化规律。数字孪生体不仅仅是物理世界的镜像，也要接受物理世界的实时信息，反过来也能驱动物理世界，进而进化为物理世界的先知、先觉甚至超体。

　　一切的一切，让数字孪生既纷扰莫测，又迷光四射，也让数字孪生体进化论扛起不能卸载的时代使命。笔者期待大家一起开启数字孪生的未知的大门。

第1节　数字孪生体的诞生

数字孪生已成为最炙手可热的概念。这一概念的最大优点是具体直观、易于理解。望文生义也好，顾名思义也罢，说者言语一出，听者便猜出大概。

与此有关的文章铺天盖地，讲座也层出不穷，但大多数要么停留在溯源和概念层面，要么谈论某个具体案例，缺乏系统的理论框架。很多案例不过是给早已存在的普通数字化案例穿上了数字孪生马甲再出来蹭热度。即使是套用数字孪生概念的新案例，对数字孪生的理解也似是而非。涉及具体技术的时候，要么比较单一，要么多而零散，缺乏严密递进的逻辑。

本节，我们希望在系统性和理论性方面前进一步，厘清体系框架，从更完整全面的视角观察数字孪生体的全貌。

1. 数字孪生体概念

数字孪生体是由物理对象、数字镜像及互动系统构成的一个体系，如图 6-1 所示。数字孪生体将数字技术发挥到极致，使得物理世界和数字世界的互动更加直接、方便和全方位。

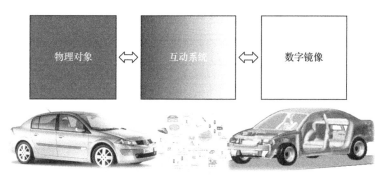

图 6-1　数字孪生体的概念

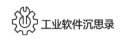

基于以上概念，我们给出数字孪生体的定义如下：数字孪生体是现有或将有的物理实体对象的数字模型，通过实测、仿真和数据分析来实时感知、诊断、预测物理实体对象的状态，通过优化性能和发送指令来调控物理实体对象的行为，通过相关数字模型间的相互学习来进化自身，同时改进利益相关方在物理实体对象生命周期内的决策。

2. 体系架构

我们的研究基于国际标准化组织（ISO）的相关标准 ISO DIS 23247，该标准提出了数字孪生制造的参考架构。该参考架构所包含的要素全面，逻辑合理，但我们认为该标准对具体应用来说过于抽象，所以对本框架做了术语上的修订和释义，形成如图 6-2 所示的数字孪生体的通用参考架构。本节所提的应用架构是从该参考架构出发而设计的。

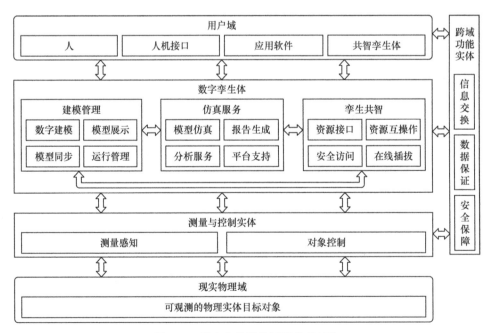

图 6-2　数字孪生体的通用参考架构

我们提出的应用架构如图 6-3 所示，本架构可指导数字孪生体的建设与实施。

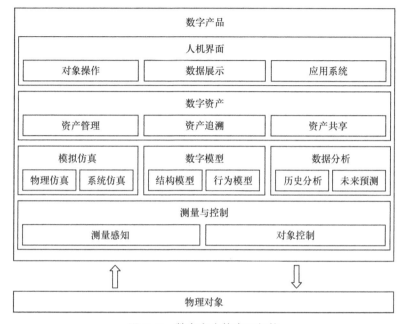

图 6-3 数字孪生体应用架构

图 6-3 所示上部分是数字孪生体架构，下部分是其应用的物理对象。物理对象在此图中用于表达数字孪生世界与物理世界的关系，并不是数字孪生体应用架构的要素。数字孪生体应用架构包含以下要素：数字模型、测量与控制、模拟仿真、数据分析、数字资产和人机界面。

3. 数字孪生体的特征

数字孪生体框架的要素使得数字孪生体呈现生命体特征，其模型如图 6-4 所示，拥有躯体、神经、左脑、右脑和五官。不仅如此，数字孪生体甚至还具有社会性特征：

① 数字模型是数字孪生体的躯体，使数字孪生体具有数字化特征；

② 测量与控制是数字孪生体的神经系统，使数字孪生体具有互动特征；

③ 模拟仿真是数字孪生体的左脑，使数字孪生体具有先知特征；

④ 数据分析是数字孪生体的右脑，使数字孪生体具有先觉特征；

⑤ 数字资产是数字孪生体的基因，使其具有社会性，使数字孪生体具有共智特征；

⑥ 人机界面则是数字孪生体的五官，使其具有与人交互的能力。

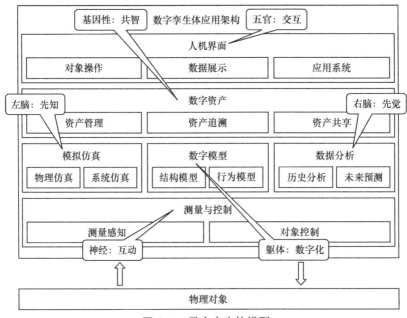

图 6-4　数字孪生体模型

数字孪生体并不停留在物理世界的数字化表达上，而是与物理世界进行实时互动，利用物联网技术接受物理世界的信息和数据，据此来感知物理世界。

数字孪生体具有思考能力，采用的技术是仿真与数据分析，像人脑一样，不仅可以基于明确的机理计算未来，还可以基于不明确的机理预测未来。

当数字孪生体具有思考能力时，它就可以比物理对象更聪明，提出优化的运行模式，通过由物联网技术提供的互动系统，像运动神经一样，将优化模式传递给物理对象，甚至直接控制物理对象，使之运行得更为卓越。

人类可以通过计算机屏幕与数字孪生体交互，通过扩展现实（XR）设备，身临其境地进入数字孪生体世界，以与物理世界打交道一样的方式和数字孪生体世界打交道。人类此时似乎拥有了特异功能，可以随意变化大小，可以隔空取物，可以时空穿越。现在，脑机技术正在快速发展，也许在未来，人类可以像《黑客帝国》中的那样，意识或思维通过网络进入数字孪生体世界，使用自己的孪生体和数字孪生体世界的人与物打交道。

当然，物理体具有天然的生命特征，但这种生命特征缺少灵性，如其具有预设化、确定性、机械化、个体化等特性。数字孪生体的生命特征则有更多的发展空间，可以进化得更加接近智慧生物，如其具有创造性、不确定性、生物性、社会性。

物理体一经产生，就很难升级进化，但数字孪生体却可以不停地升级进化。通过互动系统，数字孪生体的升级进化可以在很大程度上弥补物理对象难以升级进化的缺陷，甚至可以替代物理对象的升级进化。

通过数字线程和云计算技术，数字孪生体拥有了社会性，符合社会发展规律。物理世界是普遍联系的，数字孪生体的世界也必然是普遍联系的。人与人之间的相互联系构成人类社会，数字孪生体之间的相互联系构成数字社会。人类可以相互交流和相互学习，数字孪生体之间也可以共享智慧。人类的先哲传递下来知识和智慧，数字孪生体的数据和智慧也可以传递到下一代。

可以想象，无论是创建一个产品、一套生产体系，还是一座城市的数字孪生体，都将使其聚合各类数字化技术优点，形成具有强大的生命力的生命体。如果对产品群、生产线群和城市群建立数字孪生体群，将形成一个可智慧交换的、快速进化的数字社会，如图6-5所示。

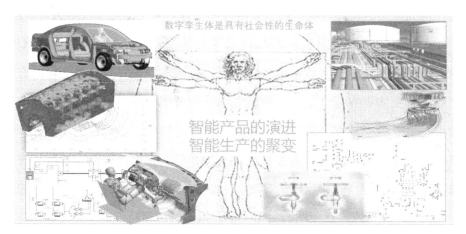

图 6-5　具有强大生命力的数字孪生体

《黑客帝国》展现了一个数字孪生巅峰世界。在那里，人通过意识和数字孪生世界打交道!

《千星之城》展现了一个数字孪生巅峰城市。那里看似虚空，却藏着万千星球，看似荒漠，却藏着无穷城市。这不禁让人发问: 历史还是不是时间的产物，结构还是不是需要在空间里存在?

《安德的游戏》展现了一个数字孪生巅峰战场。未来战场，凯旋的将军也许是一个孩童。这既令人揪心，又使人自怜于我辈在进化规律下的无能为力。

《阿凡达》为我们展现了一个天然共智的神秘星球，这或许就是星球的最高形态。我们的蓝色星球能否如此尚不得而知，但数字孪生体已经让共智启程。

第2节　数字孪生体的进化规律

前文提出，数字孪生体是一个具有思维能力的生命体。生命的一个基本特征就是进化。图 6-4 展示的完整生命体模型不应该是一步到位的，而应是逐步进化而成的。

1. 数字孪生体进化规律

我们把数字孪生体的进化过程，称为数字孪生体成熟度模型，即一个数字孪生体的生长发育将经历数字化、互动、先知、先觉和共智等几个过程，如图 6-6 所示。

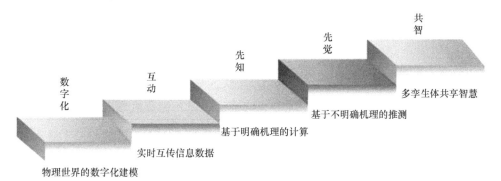

图 6-6　数字孪生体成熟度模型

（1）数字化

"数字化"是物理世界数字化的过程。这个过程需要将物理对象表达为计算机和网络所能识别的数字模型。建模技术是"数字化"的核心技术，如测绘扫描、几何建模、网格建模、系统建模、流程建模、组织建模等。

（2）互动

"互动"主要是指物理对象和数字对象之间的实时动态互动。物联网是实现虚实世界互动的核心技术。利用物联网，物理世界的状态可以被计算机和网络所感知、识别和分析，这些状态包括位置、属性和性能等。数字世界的责任之一是预测和优化，同时根据优化结果干预物理世界，因此需要将指令传递到物理世界。物理世界的新状态需要实时传递到数字世界，作为数字

世界的新初始值和新边界条件。

（3）先知

"先知"是指利用仿真技术对物理世界的动态预测。这需要数字对象不仅能表达物理世界的几何形状，而且要在通过其构建的数字模型中融入物理规律和机理。仿真技术不仅建立物理对象的数字化模型，而且根据当前状态，通过物理学规律和机理来计算、分析和预测物理对象的未来状态。这种仿真不是对一个阶段或一种现象的仿真，而是全周期和全领域的实时仿真。

（4）先觉

如果说"先知"是依据物理对象的确定规律和完整机理来预测数字孪生体的未来，那"先觉"就是依据不完整的信息和不明确的机理通过工业大数据和人工智能技术来预感未来。如果我们要求数字孪生体越来越智慧，对其输入的数据就不应局限于人类对物理世界的确定性知识。其实人类本身就不是完全依赖确定性知识去领悟世界的。

（5）共智

"共智"是通过云计算技术实现不同数字孪生体之间的智慧交换和共享，其隐含的前提是单个数字孪生体内部各构件的智慧首先是共享的。所谓单个数字孪生体，这是人为定义的范围，多个数字孪生单体可以通过"共智"形成更大和更高层次的数字孪生体，其数量和层次可以是无限的。数字线程技术是共智的另一项核心技术。物理对象在生命周期的不同阶段能构建不同的数字化模型，这些模型之间的关联需要通过数字线程来实现。

总之，数字孪生体系的成熟度模型反映了生物进化、个体成长及社会发展规律。数字孪生体不仅仅是物理世界的镜像，也要接受物理世界实时信息，更要反过来实时驱动物理世界，最终形成可以共享智慧的数字孪生体社会。

数字孪生体各级别成熟度关键特征、核心技术和生命特征总结如表 6-1 所示。

表 6-1　数字孪生体各级别成熟度关键特征、核心技术和生命特征

级别	名称	关键特征	核心技术	生命特征
1	数字化	在软件中建立物理世界的结构元素和时空关系	建模	躯体
2	互动	数字对象与物理对象之间实时互传信息和数据	物联网	神经系统
3	先知	基于完整信息和明确机理预测未来	仿真 / 计算	左脑
4	先觉	基于不完整信息和不明确机理推测未来	大数据 /AI	右脑
5	共智	多个数字孪生体之间共享智慧，共同进化	云 / 线程	社会性

2. 数字孪生体的孕育与服役

数字孪生体是物理对象的数字化表达和虚拟镜像，这种物理对象可能是设备、产线、车间、工厂、企业、人群、城市、战场、物流、交通、电网、商业、流程等。这些对象都涉及研发、制造、供应、运维等过程。在这几个过程中，由于物理对象的完备度不同，数字孪生体的适用性也不同。

（1）孕育

物理对象的研发与制造是数字孪生体的孕育过程，本质是通过前置数字体提前优化未来物理对象，其不是终极产品的孪生体，最多是试验对象的孪生体，是终极产品孪生体的前身或原型，如图 6-7 所示。从数字孪生体的成熟度要素来看，研发和制造阶段的"数字孪生体"有完整的数字化和非实时先知能力，缺乏互动、先觉能力，具有可以与前代产品的数字孪生体共智获得优化设计的能力，但无法在真实运行环境中与其他数字孪生体实时共智。前置数字体往往不能作为未来运维过程的数字孪生体，但

可以为运维数字孪生体的建立提供指导，也可以为物理世界的传感器配置提供指导。

图 6-7　数字孪生制造示意

（2）服役

物理对象供应与运维过程中，数字孪生体的所有要素和特性已经完全具备，数字孪生体可以被完整建造，可以实现交互、先知、先觉乃至共智，可以自我进化，还可以通过数字孪生体实时优化物理对象的运行，如图 6-8 所示。此时的数字孪生体是个全职服役的孪生体，因此，物理对象的供应和运维过程才是数字孪生体的主战场。

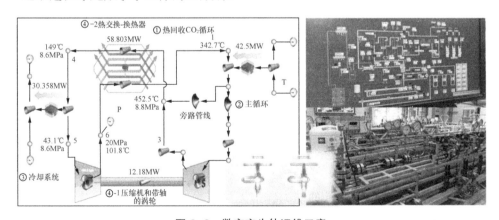

图 6-8　数字孪生体运维示意

（3）生命体将持续进化

生命体是经过长期进化而来的系统，在完备性方面往往高于人造系统，在经济性方面优于人造系统。因此，将生命体作为一个人造系统的终极发展目标是一个合理的选择。

进化法则让所有生物都不会停留在简单体，而是会越来越复杂，也会越来越精密。在数字化时代，人们身边不停出现各种新型数字化技术，让人迷失在众多概念和技术中。面对如此之多的数字化技术，如果盲目引入，企业在数字化世界中迷失。但让他们很好地厘清这些数字化技术并将它们协同起来，要求又实在是太高了。

数字孪生体的出现将终结这一乱局，它提供了解决这一问题的方案，是协调各个组织和器官的高级形态。任何新的或者旧的数字化技术都是构成数字孪生体的一个构件，且是阶段性的。今后，无论出现何种数字化单项技术，都应该是数字孪生体这个生命体的一个器官甚至是细胞。我们需要做的事情是，将这些新出现的单项技术安放在数字孪生体生命框架的正确位置，从而让这些技术更好地为我们服务，解决我们的困惑，让我们平静地与这些技术和谐相处。

当然，任何一种单项技术都会向着自成体系的方向努力发展，所以，数字孪生体所需的通常不会是某个单项技术体系的全部，而是其核心要素。当前，数字孪生体作为新生事物，刚开始工程化应用时，对当前构成这个生命体的各个器官的整合方式是设备级的集成，但随着我们对它的认识越来越深入，这些器官的融合肯定会走向原子级别，只取用这些器官中对数字孪生体有用的部分。这些有用部分之间的结合不会像现在这样通过宏观接口来实现，而是通过微观结构来融合，使得数字孪生体的整体性和生命力更强！

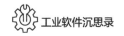

第3节　数字孪生体的生命之源

数字孪生看似是 Michael Grieves 博士聪明大脑中的灵光一现，但其实该概念的出现是数字化技术发展的必然事件。数字化技术发展到今天，确实需要数字孪生体这样一个系统化的概念来总结其间的关系和进化规则。否则，任其各自发展，最终也许会发生类似"大氧化"的事件。因此，数字孪生是数字化发展的理想形态。

1. 核心技术是生命之源

数字孪生体的生长发育将经历数字化、互动、先知、先觉和共智等几个成熟度过程，各成熟度分别有各自最核心的技术。其核心层的关键技术为数字线程，第一层关键技术包括建模、仿真、物联网，大数据，第二层关键技术包括云计算、XR（扩展现实，包括 VR、AR、MR）、MBSE、区块链等。这些关键技术构成了数字孪生体的生命之源，如图 6-9 所示，各关键技术对数字孪生的价值如表 6-2 所示。

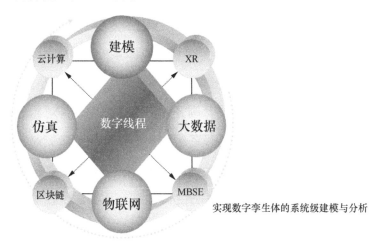

图 6-9　数字孪生体关键技术

表 6-2 数字孪生体各关键技术对数字孪生的价值

层级	技术	对数字孪生体的价值
核心	数字线程	实现寿命周期中不同阶段的数字孪生体之间的数据协同与传承，是实现"共智"的关键技术之一
首层	建模	用以创建数字孪生躯体，是"数字化"的核心技术
	物联网	获得物理世界的数据和信息，并控制物理世界，是"互动"的核心技术
	仿真	基于明确机理和完整信息的计算，使数字孪生体拥有"先知"能力
	大数据	基于不明确机理和不完整信息的预测，使数字孪生体拥有"先觉"能力
次层	云计算	是实现数字孪生体之间智慧共享，即"共智"的关键技术之一
	扩展现实	提供人与数字孪生体深度沉浸的交互能力
	MBSE	实现数字孪生体的系统级建模与分析
	区块链	数字孪生体的价值保障体系，数字资产交易和追溯的最佳媒介

除了以上关键技术，不同领域或场景（如制造、产业、城市或战场）的数字孪生体，还有更多不同的技术，如图 6-10 所示。

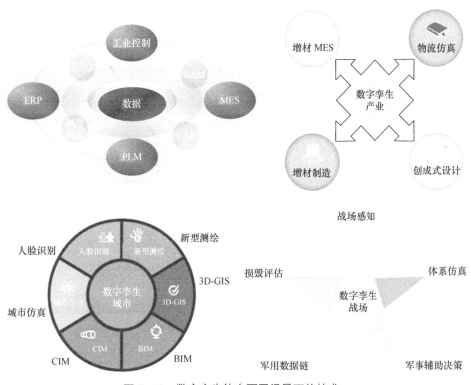

图 6-10 数字孪生体在不同场景下的技术

2. 核心技术1——数字化建模

建模的目的是对物理世界进行模型化。数字建模提供了数字孪生体的躯体，是数字孪生体的第一个重要器官。

数字模型是物理对象的数字化表达，这个过程需要将物理对象表达为计算机所能识别的模型，在软件中建立物理对象的结构元素和构建时空关系，不涉及物理机理和运行数据，就像我们给正在雕塑的人体打造一个躯体。这也当然是数字孪生体的基本要素，毕竟，既然称为"体"，那这样一个直观的躯体是必须的。

我们通常使用三维实体来建立物理对象的结构形状和位置关系，用系统（一维）建模工具来描述物理对象的行为模式。建模工具通常包括CAD软件、3D动画软件、BIM（建筑信息模型）系统、CIM（城市信息模型）系统或基于SysML（系统建模语言）的系统建模工具。建立的模型可以是设备、厂房、人群、运输系统、交通、电网、城市等，如图6-11所示。不过这样的躯体是一个没有神经、没有思想、与世界隔离、无生命的躯体。

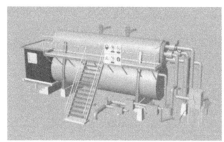

图6-11　数字孪生体建立的数字模型

3. 核心技术2——模拟仿真

从技术角度看，建模和仿真是一对伴生体：建模过程是我们对物理世界或问题理解的过程，仿真用于验证和确认这种理解的正确性和有效性。

仿真是将包含了确定性规律和完整机理的模型转化成软件的方式来模拟物理世界的一种技术。只要模型正确，并拥有了完整的信息和环境数据，就可以基本正确地反映物理世界的特性和参数，如图 6-12 所示。

数字孪生体是仿真应用新巅峰。在数字孪生体成熟度的每个阶段，仿真都在扮演着不可或缺的角色："数字化"的核心技术——建模总是和仿真联系在一起，或是仿真的一部分；"互动"是半实物仿真中司空见惯的场景；"先知"的核心技术本身就是仿真；很多学者将"先觉"中的核心技术——工业大数据视为一种新的仿真范式；需要通过不同孪生体之间的多种学科耦合仿真才能让思想碰撞，才能实现"共智"，产生智慧的火花。

图 6-12　数字孪生体中的仿真

4. 核心技术 3——数据分析

数据分析包括大数据技术和人工智能技术。大数据是大量、高速及多变的信息资产，利用新型的数据处理方式可提升洞察力和决策能力。

人工智能的核心技术——机器学习是一门多领域交叉学科，涉及概率论、统计学等多门学科。机器学习从海量数据中自动分析获得规律，并利用规律对未知数据进行预测。因此，它总是和大数据相伴而生。

数字孪生体数据分析应用于物理世界的一种模式就是通过人工智能技

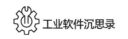

术，在物理机理不明确、输入数据不完备的情况下对物理世界的未来状态和行为进行预测，如图 6-13 所示。尽管这种预测未必准确，但相比一无所知，这种预测仍富有价值。而且，随着数字孪生体的进化，预测结果会越来越逼近真实世界，使得数字孪生体拥有"先觉"能力。

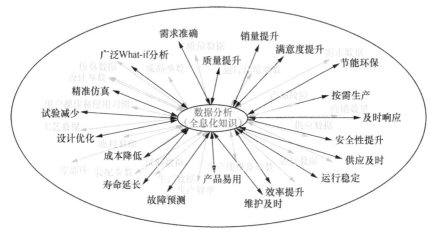

图 6-13 数字孪生体的数据分析

5. 核心技术 4——物联网

物联网是一个基于互联网、传统电信网等的信息承载体，它让所有能够被独立寻址的普通物理对象形成互联互通的网络，其参考架构如图 6-14 所示。

物联网通过各种信息传感器、射频识别技术、全球定位系统、红外感应器、激光扫描器等各种装置与技术，实时采集任何需要监控、连接、互动的物体或声、光、热、电、力学、化学、生物、位置等信息，通过各类网络接入，实现物与物、物与人的泛在连接，实现对物品和过程的智能化感知、识别和管理。

在数字孪生体中，物联网的一项重要作用就是收集来自物理世界的数据。必要时，数字孪生体还可通过物联网驱动物理世界。

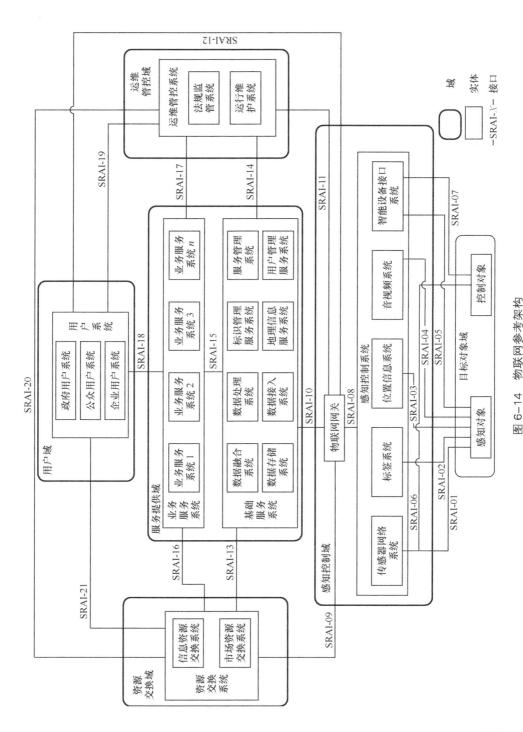

图 6-14　物联网参考架构

237

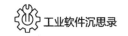

6. 核心技术5——数字线程

数字线程是数字孪生体实现共智的关键技术。数字线程是指可扩展、可配置和组件化的企业级分析通信框架。基于该框架可以构建覆盖系统全生命周期与价值链全部环节的跨层次、跨尺度、多模型的集成视图，进而以统一模型驱动系统全生命周期的活动。数字线程将物理对象全生命周期的各数字孪生体之间的数据资产进行传递和追溯，从而实现优秀基因传承，如图6-15所示。

数字线程是某个或某类物理实体与其对应的若干数字孪生体之间的沟通桥梁，这些数字孪生体反映了该物理实体不同侧面或不同生命阶段的模型视图。跨阶段的不同数字孪生体的数据必须连贯和传承，数字线程则记录了数字孪生体全生命周期中的全息数据，反映数据在孪生体全生命周期的演变。数字线程基于统一数据标准实现数据融合与共享，其底层数据模型是一项关键技术。

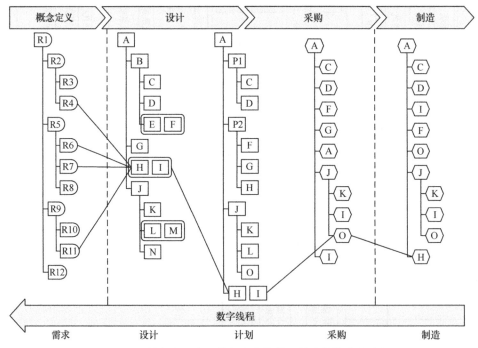

图6-15　数字线程实现数字孪生体基因的跨代传递和追溯

第4节　数字孪生体爆发之谜

当前业界对数字孪生体起源的普遍认定是在 2003 年 Michael Grieves 博士提出的。我们对此没有异议，只是我们在数字孪生体系研究中发现，构成数字孪生体的关键技术的出现远早于 2003 年。我们将这个时间点前推至 20 世纪 60 年代，这时 CAD 技术出现了，因为数字孪生体的第一个重要"器官"是"数字模型"，基于计算机图形学的 CAD 技术便是该器官的核心技术。

数字孪生体相关技术的发展有 60 年的历史，概念被提出也有 15 年的历史，但直到 2018 年才爆发，这两三年才突然兴起，是什么导致了数字孪生体的爆发？

仔细观察，我们发现，2018 年前后，有两个重要标准发布：中国物联网相关标准（GB/T 33474-2016）和国际物联网相关标准（ISO/IEC30141：2018）。

如前文所言，工业物联网（IIoT）（见图 6-16）为数字孪生体提供了"测量与控制"技术，用来实现数字对象与物理对象之间实时互传信息和数据。数字模型利用测量系统，通过传感器获得物理对象的状态数据，如尺寸、速度、温度、光洁度等。利用控制系统，数字模型通过致动器向物理对象发送致动指令，如停止、加速、调节角度等。测量系统就像人的感觉神经，控制系统就像人的运动神经。神经系统的存在，让数字孪生体具有了初步的生命特征，可以感知和驱动物理世界。

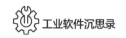

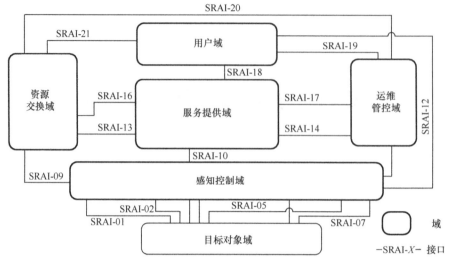

图 6-16　数字孪生体中的工业物联网（IIoT）技术

数字孪生体爆发的时间点是 2018 年，数字孪生体的神经系统——物联网的中国国家标准的提出时间在 2016 年，国际相关标准提出在 2018 年，这两个标准的提出意味着物联网进入了成熟和工程应用阶段。2016 年是数字孪生体的提速时间点，2018 年则是数字孪生体的爆发时间点。

因此，数字孪生体爆发的原因——物联网的出现。现在看，突然发现这个结论很好理解：数字孪生体的最主要特征就是数字世界和物理世界的关联互动，否则孪生体就无法形成。数字模型、虚拟仿真、人工智能、虚拟现实这样的数字体早已有之，但它们在能与物理体互动之前，都不能被称为数字孪生体。

第5节　数字孪生体的超级大脑

物联网的采用，让数字孪生体具备了生命爆发的基础，但如果缺乏思考能力，则数字孪生体就是个傀儡或植物人形态的孪生体，正如寒武纪时代的生物，虽然物种爆发了，但智力远远没有达到现代生物的程度。具有理性思考、预测与判断能力的数字孪生体才是真正有生命力的孪生体。

正是大脑的不断进化，让人类拥有了智慧，并具备强大的逻辑推理能力、思考判断能力，以及丰富的想象力和创造力。数字孪生体与物理世界进行互动、推理判断，这和人类大脑的功能有着异曲同工之妙。数字孪生体之所以能够产生价值，在于其能够通过互动感知、数字建模、模拟仿真、数据分析等，有效解决物理世界的问题。数字孪生体的两大器官——数字模型（躯体）和互动系统（神经系统）使得数字孪生体具有了初步的生命特征，感知和驱动物理世界。

1. 数字孪生体的"左脑"——模拟仿真

模拟仿真基于完整信息和明确机理计算未来，将"数字化"过程建立的模型与物理机理相结合，包括材料性质、理论规律、工程规律等，根据完整和实时的边界条件和物理状态，来计算和预测数字模型的下一步状态。这种仿真不是对一个阶段或一种现象的仿真，而应是全周期和全领域的动态仿真。实时边界条件和物理对象状态是可以被完整测量的，可作为物理规律的完备输入条件。模拟仿真的输出结果必须具有确定化和无二义性的特征。

数字孪生体中的仿真与传统仿真的最大区别在于"实时"。传统仿真过程通常是提前判定未来产品可能面对的各种环境，将环境数据换算为工况或边界条件，同时给出可能的初始条件，然后预测给定时间后的产品运行状况。但实时仿真则需要获得即时的环境和物理世界的当前状态，以此作为边界条件和初始条件，来预测物理世界未来的运行状况。"实时"二字依赖于"互动"过程的测量系统。

另外，此处所说的仿真是广义仿真，那些具有明确物理机理的计算过程都属于广义仿真，明确机理包括物理原理及被实践验证的工程算法、经验公式等。模拟仿真采用的工具包括算法程序、各类 CAE 工具，如物理场仿真、人群仿真、交通仿真、物流仿真、组织仿真等，仿真应用如图 6-17 所示。

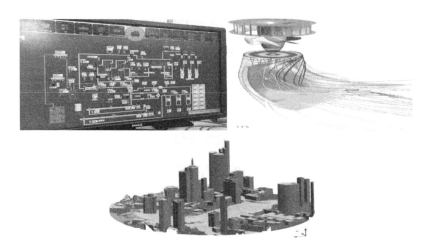

图 6-17　仿真应用

通常来说，CAE 有两种类型：物理场仿真和系统仿真。物理场仿真通常是三维的，计算规模大、时间长，通常无法满足数字孪生体与物理对象实时交互的需要；系统仿真通常是一维的，具有速度快的优势，通常可以达到实时交互要求。因此，在数字孪生实践中，往往需要把三维仿真过程进行降阶（ROM），抽取其中用户关注的特性和参数，将三维仿真模型转换成一维仿真模型来计算，如图 6-18 所示。

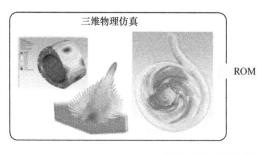
三维物理仿真

ROM

系统仿真

图 6-18　三维仿真模型降阶

我们把模拟仿真过程称为"先知"，该过程提供了数字孪生体的"左脑"，只要具有明确规律和逻辑，不管环境状态多复杂，总是可以通过推理获得明确的结论，提前知道数字孪生体和物理对象将会发生什么。此时的数字孪生体就是一个有头脑、会思考的智能孪生体，开始具有明显的生命特征。

我们之所以提出"无仿真，不孪生"的观点，就是因为生命体的最有价值的特征是理性思考和智能判断，而仿真才能提供这样的特性。

2. 数据分析：数字孪生体的"右脑"

数据分析过程是基于不完整信息和不明确机理来推测未来的。在我们的世界中，大多数现象的物理规律并不明确，大多数情况下无法获得完备的边界条件和物理状态，但我们仍然不得不对未来做出预测，哪怕是再模糊的判断，仍然好于毫无判断。如果要求数字孪生体越来越智能，就不应使其局限于人类对物理世界的确定性知识。其实人类本身就不是完全依赖确定性知识去领悟世界的。

大数据和人工智能（AI）技术是数据分析的关键技术。根据通过"互动"过程收集的数据以及"先知"过程输出的数据，利用相关性分析建立物理世界的近似模型，依据当前边界条件和物理状态进行下一步状态的预测，并且对近似模型逐步优化。当前边界条件和物理对象状态虽不完整，但也只能作为近似模型的输入条件，输出的结果当然距离物理世界的真实情况有一定偏差。

因此，数字孪生体的数据分析与传统数据分析的最大不同也在于"实时"，否则分析模型无法进化。在数字孪生体实时数据分析过程中，随着机器学习的持续，以及算法和模型的逐步改善，近似模型会越来越真实，预测结果也会逼近物理世界。也正是这个原因，业界有人将大数据及 AI 视为科学研究的"第四范式"，科研方法从传统的 3 种方法——理论、实验、计算拓展到第 4 种方法——大数据及 AI，应用如图 6-19 所示。

图 6-19　大数据和 AI 在数字孪生体中的应用

第6节　数字孪生超体与元宇宙

电影《超体》提出一个猜想：如果人的大脑被充分激发，会发生什么？电影末尾给出答案——羽化为超体。该超体无所不能，能力无边并可以通过网络蔓延，最终无所不在。《超验骇客》提出同样的猜想，不过跳过大脑激发，人的思想直接进入网络，从而成为超体。

今天，人的大脑能否被 100% 激发仍不得而知，人的思想何时能直接进入网络，也还是未知数，但通过驾驭进化为超体的数字孪生体，人可以成为物理世界的超体。这个驾驭的媒介就是数字孪生体的人机交互界面。

前文分别介绍了数字孪生体的躯体、神经系统、大脑和社会性，这些特性使得数字孪生体获得了感知、思考、推理、判断、预测等能力，具有了生命体的特征。数字孪生体终究还是为人服务的，所以人机交互界面必然也是数字孪生系统应用的重要组成部分。人机交互界面更像是数字孪生体的"五官"，如图6-20所示，但又超越了五官所能提供的功能，将数字孪生体的应用推向极致。

图6-20 数字孪生体的"五官"

扩展现实（XR）技术可以使人获得超体体验，人机交互界面是人类与数字模型打交道的直观可视化界面。它可以展示数字孪生体的数据，了解数字孪生体的状态，也可以操作和干预数字孪生体，同时实现对物理对象的干预。

数据的可视化展示技术及扩展现实（XR，包括VR、AR和MR）技术是人机交互的两个重要技术。数据的可视化技术将数据和信息输出为高清、直观、可视化、可交互的图形图像，通过对数据的操作可以实现人类与数字孪生体的互动乃至操纵物理对象。扩展现实技术提供的深度沉浸体验，让人类与数字世界的交互模式可以与物理世界类似。

1. 扩展现实（XR）技术

扩展现实技术是虚拟现实（VR）、增强现实（AR）及混合现实（MR）等技术的总称，在近几年发展迅速。

（1）虚拟现实

虚拟现实（VR）技术利用现实生活中的数据，通过计算机将其转化为

能够让人们感受到的现象。这些现象可以是现实中存在的物体，也可以是我们肉眼所看不到的物质，它们都通过三维模型被表现出来。因为这些现象不是我们所能直接看到的，而是通过计算机技术模拟出来的，故称为虚拟现实。

虚拟现实技术是 20 世纪末逐渐兴起的一项综合性信息技术，融合了数字图像处理、计算机图形学、人工智能、多媒体、传感器、网络及并行处理等多种信息技术的发展成果。虚拟现实利用计算机使人体验逼真的三维视觉、听觉效果，人作为参与者通过适当装置，自然地与虚拟世界进行交互。使用者移动位置时，计算机可以立即进行复杂运算，将精确的三维世界影像传回，从而使人产生临场感。

根据 VR 技术所展现场景的特征的不同，目前虚拟现实系统主要划分为 4 个层次，即桌面式、增强式、沉浸式和网络分布式虚拟现实。VR 技术的实质是构建一种使人与人或人与场景自由交互的"世界"，在这个"世界"中，参与者可以实时地探索或移动其中的对象。

用户可以在虚拟现实世界体验到最真实的感受，其构建的模拟环境与现实世界环境难辨真假，让人身临其境。同时，虚拟现实系统具有一切人类所拥有的感知功能，如类似听觉、视觉、触觉、味觉、嗅觉等。它还具有超强的仿真系统，真正实现了人机交互，使人在操作过程中可以随意操作并且得到环境最真实的反馈。正是虚拟现实技术的存在性、多感知性、交互性等特征使它受到了许多人的喜爱。

（2）增强现实

增强现实（AR）技术，也被称为扩增现实技术，是虚拟现实技术的发展。它能促使真实世界信息和虚拟世界信息的内容综合在一起。原本在现实世界的空间范围中难以体验的实体信息通过计算机等科学技术实施模拟仿真处理，将虚拟信息内容叠加在真实世界中，并且能够被人类感官所感知，从而实现超越现实的感官体验。真实环境和虚拟物体通过叠加能够在同一个画面及空间中同时存在。用户需要利用显示器或眼镜，使真实世界和计算机图形重合在一起，仿佛置身于真实的世界。

（3）混合现实

混合现实（MR）技术也是虚拟现实技术的发展，该技术通过在虚拟环境中引入现实场景信息，在虚拟世界、现实世界和用户之间搭起一个交互反馈的信息回路，以增强用户体验的真实感。混合现实技术是一组技术组合，不仅提供新的观看方法，还提供新的信息输入方法，使所有方法相互结合，从而推动创新。

无论是虚拟现实、增强现实还是混合现实，在数字孪生体的各个场景中都有巨大的应用潜力。人类通过屏幕与数字世界交互，不仅不直观、不真实，而且交互深度受到巨大限制。这3种技术提供的深度沉浸的交互方式，让人类与数字世界的交互方式与物理世界的交互方式类似。

我们把利用扩展现实技术实现的交互场景称为数字孪生体"五官"。对人类来说，五官是人们相互认识、了解和沟通的界面，而数字孪生体人机交互的功能则超越了人体五官的功能。扩展现实技术使人类在数字世界中的感官和操作体验上更加接近在物理世界获得的，让"孪生"一词变得更为精妙。在数字世界中，人类具有特异功能，可以无限驾驭数字世界，例如变换大小、穿墙而过、隔空取物、时空穿越等。此时，人通过数字孪生体，开始获得"超体"的体验。

2. 元宇宙让超能释放

数字孪生体以更加生动、充满想象力的方式，推动了人们与物理世界及数字世界的不断地互动、交互，以达到增强自身、优化和改进现实世界

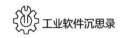

的目的。

在物理世界，有一种让社会系统或技术系统（如机器、工厂、物流、城市）充分发挥作用和价值的高效方式，这就是应用系统，如 ERP、PLM、MES、SCM、MRO 等系统。这种高效方式在数字孪生体世界仍然可以被采纳，但鉴于人在数字孪生体世界无所不能的自由特性，使得这个世界的类似系统可能不需要像在物理世界中那样割裂，也许会合并成一个超级系统，如图 6-21 所示。

图 6-21 数字孪生体的应用系统将归一

如果说，利用扩展现实技术，人类实现了对物理个体的超体般驾驭，那么通过应用系统，人类可以实现对一个物理群体的超体般驾驭；通过超级系统，人类也许对整个物理世界实现超体般驾驭亦不是不可能。

说起超级应用系统，不知你想到了什么？笔者想到了《黑客帝国》，该电影为我们展开了一个奇特的应用系统 Matrix，可以认为该系统整合了所有我们熟知的应用系统。人类与这个世界打交道的方式是：人的意识通过网络进入系统，与其中的各种数字孪生体进行交互。

不知你是否能想到另一个炙手可热的概念——元宇宙。这里所谓的超级应用系统或 Matrix，其实就是一个典型的元宇宙。而且，元宇宙的支点技术就是扩展现实（XR）技术，该技术提供了元宇宙最核心的运转场景。"元宇宙"一词的英文是 Mataverse，人们对元宇宙这个名字有所争论，特别是"元"字。该词首次出现在科幻小说《雪崩》中，也有译本将本词翻译成"超元域"。很多人认为，"元"是直译，"超"才是本义。"超体"恰恰就是本节所描述的令人憧憬的数字孪生体的未来。

数字孪生体和元宇宙来源于物理世界，又高于物理世界，它们有机会将现实世界的不可能变成可能。最终，人类会拥有怎样的超能力，就需要我们用更大的脑洞来想象了。甚至有一天我们也许该考虑如何将数字孪生体和元宇宙赋予我们的超能力关进笼子里了。

第7节　共智、社会性和元宇宙

多种技术要素使得数字孪生体具有生命特征。但谈生命体怎能不说基因？数字孪生体的基因是什么？我想对于这个问题的答案，很多人已经猜到了！是的，答案就是——数据！

数字孪生体是物理世界的数字化表达，通过与物理世界进行数据交换来实现对物理世界的调控和优化。数字孪生体在工作过程中的输入、输出和过程处理对象都是数据，数据在数字孪生体中的作用就像基因之于生命体，并且其传承和进化对于数字孪生体的进化具有重要意义。更重要的意义是，这种特征使数字孪生体拥有社会性，进而形成元宇宙。

1. 数字孪生体的基因进化

数字孪生体作为一种数字资产，其中的数据就像生命体的基因。它的积累、管理、追溯和共享既是其存在的基本特征，又是其进步的必要手段。数

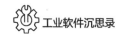

字资产通过传承、协同和进化，向历史学习，向他人学习，从而实现持续成长。人类之所以进步，是因为我们的祖先通过文字将他们的思想和成果保留了下来，使得我们可以传承祖先的智力资产。

2. 数字孪生体的智慧共享

同一物理对象在生命周期的不同阶段有不同的数字孪生体。数字资产记录了数字孪生体整个生命周期中的全息数据，并反映这些数据在数字孪生体整个生命周期中的演变路线，但相同物理对象的孪生数据必须关联和传承。所以，在演变中，不仅是基因在延续，其思想和智慧也在传承。这就是为什么数字孪生体成熟度体系中有"共智"这一级别。

共智实现了不同数字孪生体之间的智慧交换和共享，多个数字孪生单体可以通过共智形成更大和更高层次的数字孪生体，这个数量和层次可以是无限的。《阿凡达》电影中的潘多拉星球是个物与物天然共智的世界，也许是人类科技所限，地球的各物体之间是否能天然共智尚不得而知，但通过数字孪生体，我们可以实现地球上物理世界的共智。

3. 实现"共智"的关键技术

数字线程和云计算是数字孪生体实现共智的关键技术。数字线程将物理对象全生命周期的各数字孪生体之间的数据资产进行传递和追溯，从而实现优秀基因的遗传。云计算则让不同物理对象的数字孪生体之间实现共享和协同，从而实现基因进化。

数字线程是指可扩展、可配置和组件化的企业级分析通信框架。基于该框架可以构建覆盖系统全生命周期与价值链全部环节的跨层次、跨尺度、多模型的集成视图，进而统一模型，驱动系统生存与活动，为决策者提供支持，如图 6-22 所示。

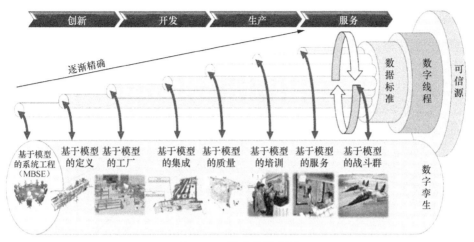

图 6-22　数字线程实例

数字线程的目标就是要在系统全生命周期内实现在正确的时间、正确的地点，把正确的信息传递给正确的对象。这一目标和 20 世纪 90 年代 PDM/PLM 技术和理念出现时的目标完全一致，只不过数字线程要在数字孪生环境下实现这一目标。

数字线程是某个或某类物理实体与对应的若干数字孪生体之间的沟通桥梁，这些数字孪生体反映了该物理实体不同面的模型视图。

云计算是体系级数字孪生体运行的理想技术，为数字孪生体内部和数字孪生体之间进行智慧共享提供了可能。云计算体系结构有利于大量连接设备的组织和管理，以及企业内部和外部数据的组合和集成。在云计算体系结构中，各种不同类型的存储设备可以通过应用软件一起工作，共同为企业提供数据存储和业务访问。

在大型数字孪生体，如数字孪生城市的建设中，需要建设多种数字孪生体，如孪生交通、孪生安防、孪生环保等，这些数字孪生体之间必须可以交换数据，共享智慧，才能使其成为一个和谐的城市，如图 6-23 所示。如粤

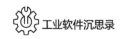

港澳、京津冀、长三角等地区，需要多个相关城市的数字孪生体之间交换数据和共享智慧，否则无法成为协同发展的经济区。

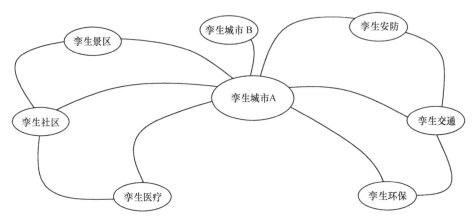

图 6-23　多个（种）数字孪生体之间进行智慧交换

4. 没有社会性，就没有元宇宙

数字孪生体中的数据不仅是基因的载体，也是思想和智慧的载体。也正因为有了载体，才使其具有智慧共享的基础，于是数字孪生体就有了社会性。

物理世界的多样性决定了其对应的数字孪生体的多样性，世界的普遍联系决定了数字孪生体的普遍联系。人与人之间具有联系体现了人类社会的特征，各数字孪生体之间的数据传递和不同数字孪生体之间的智慧共享，使数字孪生体出现"社会性"特征。

既然将数字孪生体的这种特征称为"社会性"，那它就绝不只有智慧共享特征，人类社会的所有特征都会存在于数字社会，特别是区块链和数字货币等去中心化的具有经济属性的元素和技术被引入数字社会之后，使得数字孪生体具有完全的数字化和虚拟化特征，但又和物理社会和真实世界形成耦合与交互。元宇宙展现的就是这种社会性的具体场景，是数字孪生体社会发展的必然结果。可以说，没有社会性，也不会有真正的元宇宙。相互没有关联的数字孪生单体再多，也构不成元宇宙。

结合前文提到的数字孪生超体概念，无穷多个数字孪生超体通过"共智"使其具有"社会性"时，就形成一个元宇宙。但这个元宇宙外部，还有一个与之孪生的真实世界。在所有人都在质疑元宇宙所陈述的价值过于虚无和牵强时，数字孪生超体与真实世界互动产生的真实价值，或许可以拯救元宇宙。

第8节　无仿真，不孪生，宇宙不元

时钟拨回 1999 年，那是《黑客帝国》的上映年，笔者当时被 Matrix 系统惊到怀疑人生。时隔 4 年，第二部和第三部相继推出，虽然没有第一部令人惊艳和震撼，但持续的、创新的、立体化的故事，让笔者将这三部曲定义为电影的巅峰，直到现在。

《黑客帝国》展示出来的场景充分展示了人类的想象力和创造力，不管元宇宙以后发展到何种程度，也不过如此了。

1.《黑客帝国》开创的仿真巅峰

笔者痴迷于《黑客帝国》的原因与仿真有关，该电影之所以让一个有 20 多年职业生涯的仿真老兵如此痴迷的原因是，它告诉我们，仿真可以无所不在，可以创造一个令人神往的世界，而这些年仿真界的新成就也证明了确实如此。仿真除了在产品研发设计、制造和试验过程中广泛应用外，也出现了其他的工业场景中，如生产仿真、运维仿真、物流仿真、组织仿真、交通仿真、人群仿真等。这些新型仿真技术或多或少与人类的行为甚至思维有关，

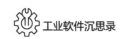

呈现一定的社会学特征。在《黑客帝国》里，自然界和人类社会可以被事无巨细地建模并仿真，几乎无破绽。

随着现代仿真技术发展，《黑客帝国》三部曲展现的奇特和科幻的场景离我们越来越近。

不过，这几年《黑客帝国》创立的仿真巅峰被一个新的理念刷新，那就是数字孪生体。数字孪生体作为一个生命体，其突破在于：数字世界不满足展现一个旧的物理世界，而要模拟新的物理世界；既要实时接受物理世界信息，还要预测物理世界；既要接受物理世界的操纵，更要反过来驱动物理世界。《黑客帝国》中模拟的 20 世纪 90 年代的世界，不论仿得多么真，相比于充满了实时仿真的数字孪生体世界，都已经"过气"了。

2. 数字孪生中的仿真场景

数字孪生体的应用十分广泛，将在 4 个场景中发挥巨大的作用：制造、产业、城市和战场，这些仿真场景可以反映真实世界，并与物理世界具有孪生关系。如果没有仿真，数字孪生体的行为方式要么是被预设的，要么需要经过长期的机器学习，才能使其接近物理世界中的行为方式。

针对制造、产业、城市和战场这 4 个关键场景，我们梳理其中所涉及的仿真技术如下。

- 在制造场景下，可能涉及的仿真包括产品仿真、制造仿真和生产仿真等。
- 在产业场景下，可能涉及的仿真包括仓储仿真、物流仿真、组织仿真、流程仿真等。
- 在城市场景下，可能涉及的仿真包括城市仿真、交通仿真、人群仿真、大气仿真等。
- 在战场场景下，可能涉及的仿真包括体系仿真、战场仿真、爆轰仿真、毁伤仿真等。

3. 数字孪生制造中的仿真

由于仿真兴起于制造业，所以它在制造业中的应用最广泛，仿真类型也最丰富，涉及的仿真包括产品仿真、制造仿真和生产仿真等几大类，每项大类包括一系列小类。

（1）产品仿真

① 系统仿真

系统仿真主要关注构成系统的整体特性，并不关注其构件本身的特性。构成系统的各个部件用最简单的符号来代表，但需要赋予这个符号能表征该部件的特性。各个部件用简单符号（如线条）连接起来，代表了两者的关系，最终通过整体计算仿真整体系统的特性。

② 多体仿真

多体仿真主要关注构成系统结构的构件之间的运动关系，不关注构件自身的内部特性。把构成系统的各个部件用简单的刚体建模，各部件之间的连接关系按照实际情况定义，这个连接需要赋以能代表两者作用关系的特性。通过整体计算仿真整体和单个构件的运动。

③ 场仿真

场仿真是对物理场（如应力应变场、温度场、流场、电磁场等）进行仿真。采用计算对象的真实材料特性，用逼近真实的形状对计算对象进行建模，通过物理场方程准确计算其性能参数。

④ 虚拟试验

利用仿真技术来模拟试验过程，施加的环境条件与试验现场相同，以提高试验的效率和质量。

数字孪生体中的产品仿真实例，如图 6-24 所示。

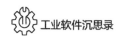

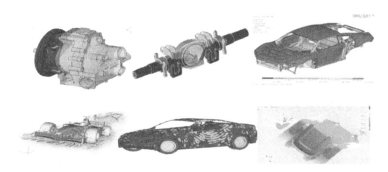

图 6-24 数字孪生体中的产品仿真实例

（2）制造仿真

① 工艺仿真

工艺仿真即按照工艺机理模拟类似铸造、锻造、切削、热处理、焊接等过程，涉及材料学、固体力学、流体力学等学科，计算、判断这些工艺实施的可行性、效率和效果，如图 6-25 所示。工艺仿真不同于数控加工仿真，后者通过图像学原理来对数控程序进行校正，而工艺仿真的依据是物理学原理。

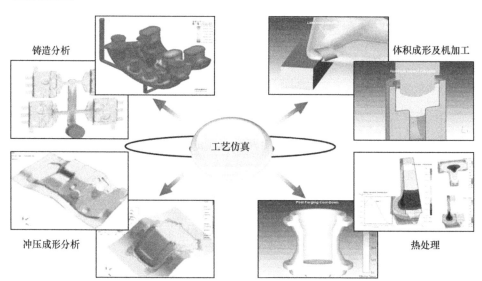

图 6-25 数字孪生体中的工艺仿真实例

② 装配仿真

装配仿真即利用图形图像学技术，特别是其中的干涉技术，对装配对象的装配过程进行模拟，以验证装配的可行性及工艺效率，其可为各类复杂机电产品的设计和制造提供产品可装配性验证、装配工艺规划和分析、装配操作培训与指导、装配过程演示等。

③ 数控加工仿真

为了确保数控程序的安全性和加工结果的正确性，数控加工仿真利用图像干涉的原理对生成的刀轨进行检查校验，检查刀路是否有明显过切或加工不到位情况，同时检查是否发生与工件及夹具的干涉。在这个过程中，通过仿真获得加工之后的零件形状，并发现更优化和高效的刀轨，据此优化数控程序。

（3）生产仿真

① 离散制造业的工厂仿真

该仿真类型主要关注离散制造的生产规划环节，利用虚拟仿真技术，对工厂的生产线布局、设备配置、生产制造工艺路径、生产节拍、物流等进行预规划，并在仿真模型预演的基础之上，进行分析、评估、验证，发现系统运行中存在的问题和有待改进之处，并进行调整与优化。

② 流程制造业的工厂仿真

该仿真类型主要关注流程制造业生产运行的效率和安全性。管路系统是流程制造业的常见系统，通过仿真手段对流通物的流动进行模拟，可以计算其系统效率，保证系统安全性，达到优化制造系统设计的目的。

数字孪生生产系统仿真实例，如图 6-26 所示。

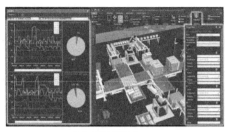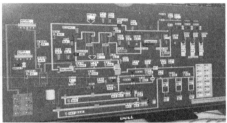

（a）离散制造业　　　　　　　　　　　　　（b）流程制造业

图 6-26　数字孪生生产系统仿真实例

4. 数字孪生产业中的仿真

（1）物流仿真

物流仿真是指评估物流系统（配送中心、仓库存储系统、拣货系统、运输系统等）的整体能力的一种评价方法。物流仿真针对物流系统进行系统建模，模拟实际物流系统运行状况，并统计和分析模拟结果，用以指导实际物流系统的规划设计与运作管理。

（2）组织仿真

组织仿真主要通过对实体组织建模并模拟运行，来研究组织实体群的关系及其活动规律，将个体行为、组织现象与任务过程相结合，有效解决组织的复杂性造成的任务积压、返工等问题。

（3）流程仿真

流程是企业或产业运作的基本模式。其对业务流程建模，通过流程引擎驱动流程模型运转，如图 6-27 所示，以实际情况（如操作周期、审批周期、意外等待、返工退回等）的各种潜在组合作为环境条件来模拟业务流转，以判断流程的合理性。

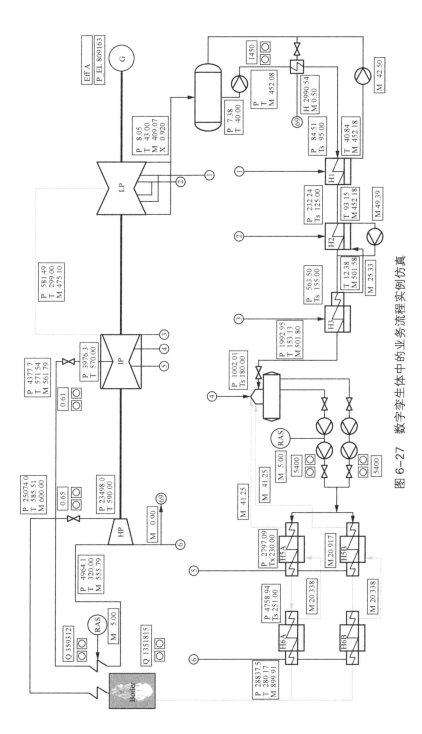

图6-27　数字孪生体中的业务流程实例仿真

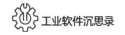

5. 数字孪生城市中的仿真

（1）交通仿真

交通仿真是指用仿真技术研究交通行为，是一种对物体的运动随时间和空间的变化进行跟踪描述的技术。交通仿真的作用在于对现有或未来系统的运行状况进行再现或预测，从而对复杂的交通现象进行解释、分析，找出问题的症结，最终对所研究的交通系统进行优化。

（2）人群仿真

人群仿真是指通过社会力模型模拟人群运动行为的仿真技术，特别是用于紧急通道的设计，用来优化建筑物内、外的布局，在火灾或地震等突发事件下，为人群疏散策略的制定提供参考依据。

（3）大气仿真

大气仿真通过流体动力学技术进行大气扩散的模拟，来判断有害气体、尘埃、雾霾等的扩散速度和路径，也可以计算城市楼宇之间的风速，用来优化建筑物的布局规划。

（4）爆轰仿真

爆轰仿真用来模拟爆炸事件对其周围的环境的影响。

（5）城市仿真

城市仿真通过将建筑物及其他设施的位置、高度、外观、空间形态等要素进行数据分析和处理，建立城市模型，用于规划真实环境，开展各类论证、试验、分析、运行、训练等工作，服务于城市规划、建设、管理等领域。它主要的应用方式有城市应急仿真、城市规划仿真、城市实时仿真等。

城市风道仿真

在城市场景下的仿真实例，如图6-28所示。图6-28　在城市场景下的仿真实例

6. 数字孪生战场中的仿真

（1）体系仿真

体系仿真是在现代系统工程方法和体系结构框架标准（如 DoDAF、TOGAF 等）的指导下，利用 IDEF、UML、SySML 等多种建模语言进行基于某活动的建模和仿真，并与装备描述数据库、需求管理工具、作战想定编辑、想定验证工具等进行深度集成。体系仿真是开发复杂体系的研发设计、布局指导、运行指挥的支撑工具，不仅常用于装备论证与研制过程，还常用于战场多兵种和战斗群的行为和效果推演。

（2）战场仿真

战场仿真将虚拟现实与可视化技术、仿真技术、网络技术融合，生成虚拟作战环境，并在保证一致性的基础上，通过计算机网络，将分布在不同地域的虚拟武器仿真平台或军事仿真系统连接到该环境中，进行战略、战役、战术演练的军事应用环境，以达到逼真的效果。

7. 无仿真，不孪生，宇宙不元

我们之所以提出"无仿真，不孪生"的观点，就是因为数字孪生体最有价值的特征是理性思考和智能预测，而仿真才能提供这样的功能。同时，数字孪生体中的仿真具有实时特征，使数字世界与物理世界之间实时互动。如果没有实时仿真，那么数字孪生应用场景和电影《黑客帝国》中的相比，也只能是各有千秋，难分伯仲。

当然，没有仿真，Matrix 这个元宇宙中的人们大概每天都生活在极不真实的困惑中，从 Matrix 中觉醒的人何止那么一点。所以，"不仿真，无孪生，宇宙不元"。

破冰之旅，踏雪当歌

后记

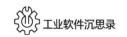

自从本书起稿开始，我脑中就一直有"踏雪寻梅"这 4 个字。这 4 个字代表着浪漫，也意味着艰辛。当时我写下两句话，旨在提醒自己：此步迈出，辛苦沓来。

苦旅寻真，漫道狼烟三万里；

踏雪寻梅，须眉如柴九层霜。

但不管是"寻真"还是"寻梅"，"诗和远方"是所有"苦并快乐着"的理由，所以，"踏雪"就一直伴着"苦旅"藏在心里。纸墨不是诗，却是诗的肉体，车马不是远方，但没有车马到不了远方。无论是"苦旅"还是"踏雪"，都需要一个永不沉没的方舟，载着思想远航。

我原以为 2021 年破冰，2022 年必将破浪，但摆正了船头，浪却迟迟未现。于是，我创办了"踏雪当歌"公众号，"踏雪论坛"视频号，希望在模糊的视野中找到那枝傲雪红梅。

终于，苦旅的尽头是破晓，踏雪的归途是芬芳。2023 年，我们清退浑身热浪，跳下诺亚方舟，看到了百业待兴，也看到了星光点点。双脚终于可以继续跨越，精神终于回归自由。破晓之年，我也将走出梅园，去远方寻找有趣的灵魂，去高处凝视深邃的思想，去见证中国工业软件的破冰之旅。

我本人的微信号也改为"踏雪歌者"。"歌者"是刘慈欣的科幻小说《三体》中身处三体文明的一位外星人，但他是地球文明的吹哨人。我就权且把"踏雪歌者"定位为中国工业软件的吹哨人吧。

《苦旅寻真》描述的是中国仿真的苦旅，《工业软件沉思录》展现的是工业软件的乐途，"踏雪论坛"自然也就是工业软件的平台。总之，我认为"踏雪"二字与中国工业软件紧密相连。踏雪确实辛苦，笔者为"踏雪当歌"公众号申请了 LOGO，并在其"踏"字中设计了一枝绽放的梅花，希望表达"踏雪寻梅"的心境。

相对于仿真，工业软件的话题要宽广得多，需要更宽阔的视野才能驾驭。之所以把自己从仿真舒适区赶出，踏入工业软件这个焦虑区，是因为近两年笔者深度参与的两件重要工作给我带来了很大的触动：一件是参与由中国工业技术软件化产业联盟主持的《中国工业软件产业白皮书》及相关著作的编写；另一件是参与数字化工业软件联盟（DISA）主持的自主工业软件攻关会战。

这两个联盟是中国工业软件最高地。工业技术软件化产业联盟是名副其实的产业高地，汇集了一批来自政、产、学、研、用、金等领域的先进人士。数字化工业软件联盟（DISA）则是名副其实的技术高地，汇聚了一批有情怀、有能力的技术大咖，并且每个大咖身后都是一个具有自主研发能力的中国工业软件公司。

之所以说触动大，是因为这两件工作让我看到，中国自主工业软件的无人区不只有仿真，还有很多比仿真更荒芜的土地。用"无人区"和"荒芜"来形容中国工业软件产业的空白也许有点过于悲观，但更悲观的是大家对工业软件还有很多认知上的误区。在我看来，误区比空白更令人揪心。空白有时候代表着希望，而误区往往把人带入绝境。这也是我为什么愿意花费大量业余时间，深度参与这两个联盟。我希望我的知识、经验能发挥一些作用，利用我的专业来做一些改善现状的工作。

这些误区不仅是因留白而来，还依碎片而生。于是，我决定协助这两个联盟做一些更系统、持久和深入的工作：以工业软件领域（技术和产业）的整体为对象，邀请尽可能多的专家，从"分头研究"走向"体系研讨"，系

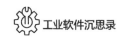

统分析问题，挖掘有价值的观点，广泛宣传，和谐发声，减少误区。

最终，建立一个公益平台的想法便产生了，"踏雪"二字也顺理成章冠名。"踏雪"是"苦旅"的继承，也是新征途的开始。"踏雪当歌"公众号的主题设定为：见证中国工业软件破冰之旅。

几年之后也许会有一本书——《踏雪寻梅：见证中国工业软件破冰之旅》，用来记录未来3年工业软件的发展和笔者的感受。那时候，两个联盟当前规划的大事将初见成效，我国的工业软件产业也会翻开新篇章……这一切，都值得记录吧。

工业软件产业群英荟萃，优秀技术精彩纷呈，希望今后有机会请行业大咖来共同分享他们的真知灼见。笔者相信，借助中国工业软件风口，这点星火能形成燎原之势。

最后坦白一下：用"踏雪"二字，其实还有笔者的一点小私心，女儿酷爱花样滑冰，也略有天赋，所以一直不曾放弃，至今已8年时光，虽然只是业余训练，但也已收获"国家一级运动员"称号。经历了中国冬奥年，我们心系梦想，日夜憧憬，故三九三伏，坚持不懈。朝追星，暮逐月，我们坚信，那些冠军们身上闪耀的光辉，都是星和月的光华。女儿舞冰我踏雪，相互激励，亦是一种天伦之乐。

参考文献

[1] 陈立辉，卞孟春，刘建，等. 求索：中国工业软件产业发展之策[M]. 北京：机械工业出版社，2021.

[2] 田锋. 苦旅寻真[M]. 北京：机械工业出版社，2020.

[3] 田锋. 精益研发2.0[M]. 北京：机械工业出版社，2016.

[4] 陶飞，戚庆林，张萌，等. 数字孪生及车间实践[M]. 北京：清华大学出版社，2021.

[5] [加]唐湘民. 汽车企业数字化转型：认知与实现[M]. 北京：机械工业出版社，2021.

[6] 宁振波. 智能制造的本质[M]. 北京：机械工业出版社，2021.

[7] 方志刚. 复杂装备系统数字孪生[M]. 北京：机械工业出版社，2021.

[8] 朱文海，郭丽琴. 智能制造系统中的建模与仿真[M]. 北京：清华大学出版社，2021.

[9] [新]奥拉夫·迪格尔. [瑞]阿克塞尔·诺丁，[瑞]达米恩·莫特. 增材制造设计（DfAM）指南[M]. 安世亚太科技股份有限公司，译. 北京：机械工业出版社，2021.

[10] [美]纳西姆·塔勒布. 反脆弱[M]. 雨珂，译. 北京：中信出版社，2020.

[11] 安筱鹏. 重构：数字化转型的逻辑[M]. 北京：电子工业出版社，2019.

[12] [美]凯文·凯利. 必然[M]. 金阳, 译. 北京：电子工业出版社, 2016.

[13] [英]马特·里德利. 自下而上[M]. 闾佳, 译. 北京：机械工业出版社, 2017.

[14] 田锋. 制造业知识工程[M]. 北京：清华大学出版社, 2019.

[15] 田锋, 段海波. 数字孪生体技术白皮书[R]. 数字孪生体实验室, 2019.

[16] 钱学森. 论系统工程[M]. 上海：上海交通大学出版社, 2006.

[17] 顾基发, 唐锡晋. 物理—事理—人理系统方法论[M]. 上海：上海教育出版社, 2006.

[18] 国际系统工程协会. 系统工程手册[M]. 北京：机械工业出版社, 2013.

[19] 朱一凡, 王涛, 黄美根. NASA系统工程手册[M]. 北京：电子工业出版社, 2021.

[20] 张新国. 新科学管理[M]. 北京：机械工业出版社, 2011.

[21] 朱一凡, 杨峰, 梅珊. 导弹武器系统工程[M]. 长沙：国防科技大学出版社, 2007.

[22] [美]赫德·里普森, [美]库日曼. 3D打印：从想象到现实[M]. 北京：中信出版社, 2013.

[23] 周辉. 产品研发管理[M]. 北京：电子工业出版社, 2012.

[24] 杨青峰. 智慧的维度[M]. 北京：电子工业出版社, 2015.

[25] 袁旭梅, 刘新建, 万杰. 系统工程学导论[M]. 北京：机械工业出版社, 2007.

[26] [美]苏. 公理设计：应用与发展[M]. 谢友柏, 译. 北京：机械工业出版社, 2004.

[27] [美]詹姆斯·摩根, [美]杰弗瑞·莱克. 丰田产品开发体系[M]. 精益企业中国, 译. 北京：中国财政经济出版社, 2008.

[28] 朱信旭, 乔灿, 张曼利. 智能制造蓝皮书[M]. 北京：北京理工大学出版社, 2015.

[29] [德]乌尔里希·森德勒，工业4.0[M]. 邓敏，李现民，译. 北京：机械工业出版社，2015.

[30] 韦康博. 工业4.0时代的盈利模式[M]. 北京：电子工业出版社，2015.

[31] 赵越，孙国梁，周晗. 我国"智慧军工"体系建设构想[J]. 国防科技工业，2013（7）：56-57.

[32] 单家元，孟秀云，丁艳. [M]. 北京：国防工业出版社，2013年.

[33] 尹定邦，邵宏. 设计学概论[M]. 长沙：湖南科学技术出版社，1999.